VOYAGE FAICT EN ITALIE,

PAR MONSIEVR LE MARQVIS DE FONTENAY MARVEIL,

Ambassadeur du Roy prés de sa Sainctеté en l'année 1641.

Où est compris tout ce qui se voit de remarquable de Paris iusqu'à Rome, les noms des Villes, Chasteaux, Ports de mer, Isles & autres lieux, leur Antiquité, description & assiete, auec les receptions qui y ont esté faictes audit Ambassadeur.

Ensemble la façon d'es[illegible]

Le tout recueilly par le [illegible] de Vo[illegible] tenay, Protenota[illegible] noine de N. D[illegible]

A PARIS,

Chez Louis Boulanger ru[illegible]

à l'Image S. Lou[illegible]

M. DC. XLIII.

A MONSEIGNEVR MESSIRE NICOLAS DE BAILLEVL, Cheualier, Seigneur de Valtot sur mer, de Soysi sur Seine, Baron de Chasteau-Gontier, Conseiller du Roy en ses Conseils, Chancelier de la Reyne, President en sa Cour de Parlement, Ministre d'Estat, & sur-Intendant des Finances de France.

MONSEIGNEVR,

L'offre que ie vous faicts du recit d'vne glorieu-

ſe Ambaſſade, & des remarques curieuſes que i'ay faictes en mon voyage d'Italie, ne laiſſe pas d'eſtre iuſte pour eſtre temeraire, voſtre éminente vertu qui ſert d'appuy à tout le monde, & mes deuoirs particuliers qui me conſacrent depuis ſi long-temps à voſtre ſeruice, m'en ont inſpiré le deſſein, & m'ont perſuadé facilement que ie ne pouuois pas choiſir vne protection plus fauorable que la voſtre, puis que vous auez touſiours eſté vn Aſile public pour tous ceux qui ont eu recours à voſtre puiſſance, & imploré voſtre bonté. Paris qui depuis plus de trente années, a eſté le plus magnifique Theatre de voſtre gloire, a publié par tout hautement cette verité, & l'experience d'vne infinité de personnes dans les diuerses charges, où vostre rare équité vous a faict appeller, en est vn tesmoignage si solemnel, qu'il ne se peut iustement reuoquer en doubte. Et en effect MONSEIGNEVR, ie ne seray que l'echo de la voix publique, quand ie diray que Dieu a reuny en vostre personne, tous les aduantages de la nature & de la grace, qu'il vous a donné des attrais exterieurs qui charment si agreablement, les esprits de ceux qui ont l'honneur de vous approcher, que de vous voir & de vous aymer : c'est vne mesme chose : qu'il a par vn bon-heur tout particulier à vostre personne, faict commencer le cours de vostre pretieuse vie, où les autres s'estimeroient heureux de couronner leur reputation. Aussi de tous ceux qui vous ont deuancé, ou suiuy dans l'exercice de toutes vos charges, quelques vns ont merité de plusieurs, mais personne n'a iamais eu de tous vne approbation de sa vertu si publique ny si honorable comme la vostre ; Ce discours MONSEIGNEVR, choquera peut-estre vostre modestie, mais il ne faict point de tort à la verité : permettez que l'on rende à vostre merite les hommages qu'il exige de tous les cœurs, & souffrez que la vertu soit loüée, ou cessez d'estre vertueux, si vous ne voulez endurer qu'on la louë ; ce sont ces belles qualitez, qui ont attiré sur vous les yeux, les cœurs & l'amour de toute la France, & particulierement ceux de nostre grande & incomparable Reyne, le miracle de nos iours, & l'abregé de toutes les merueilles. Qui ont dis-ie fait que cette Auguste Princesse a tousiours donné vn tesmoignage authentique de l'estime qu'elle a conceuë de vostre rare vertu, soit pour la charge de son Chancelier que vous possedez il y a tant d'années, soit pour celle de sur-Intendant des Finances, qu'elle a mise entre vos mains, dont le maniment ne demandoit pas vne integrité moins incorruptible que la vostre : De sorte que de douter de vostre merite, apres vn iugement qui ne peut errer, & de luy refuser son estime, c'est se declarer criminel, apres que celle qui ne doit pas moins estre la regle de nos ſentimens que de nos actions, vous a honoré de la ſienne. Apres le choix que Dieu a faict de voſtre perſonne, pour eſtre vn des plus dignes diſpenſateurs de ſa Iuſtice, cette iudicieuſe Reyne, pour vn des plus fideles Miniſtres de ſon Empire. L'adreſſe que ie vous faits de ce petit ouurage, ſera peut eſtre trouuée hardie, mais non pas deſraiſonnable, puis que ie ſuis des ſentimens ſi vniuerſels, & que ie cherche de l'aſſiſtance où tout le monde trouue de la ſeureté. L'intereſt que vous prenez MONSEIGNEVR, en cette Ambaſſade, qui regarde l'honneur & la gloire de la France: cette grande douceur meſlée de tant de maieſté que vous poſſedez, qui faict que vous ne def-

fendez vostre accez à personne, & les obligations tres-particulieres, dont ie vous suis redeuable, authoriseroẽt ma temerité. L'Italie tout au moins a assez de charmes pour vous faire ietter les yeux sur elle, & ie croy que vous ne refuserez pas l'entrée de vostre Cabinet à cette belle Ausonie, puis que la France reculeroit volontiers sa frontiere pour la receuoir; Le silence & le respect auoient esté iusqu'au iourd'huy, le langage le plus éloquent de la recognoissance que ie dois à l'affection, dont vous honorez nostre famille. Vostre grandeur & ma foiblesse, me mettoiẽt dãs l'impuissance de la publier; mais la fortune m'a esté si aduantageuse, que de m'apprendre quelque chose pour vous le presenter, & que de m'ouurir premierement la bouche pour vous protester en public, ce que ie vous ay iuré mille fois en particulier, d'estre éternellement.

MONSEIGNEVR,

Vostre tres-humble & tres-obeyssant seruiteur,

DE VOLOGER FONTENAY.

AV LECTEVR:

CE n'eſt pas d'auiourd'huy qu'vn chacun a cogneu que la fortune qui peut tout ſelon vn grand Hiſtorien, ne nous peut affranchir de la calomnie, que la vertu nous peut rendre exempts de la faute, & non pas du ſoupçon; y adiouſtant du mien que ce que ma langue profere & eſcrit par la plume de la verité, me peut bien garder de mentir non d'eſtre creu, douté ou reputé menteur: toutesfois pour plusieurs raiſons, & ſur tout ayant esté de la Maison de Monsieur le Marquis de Fontenay Ambassadeur, cela ne m'a pas sceu retenir, apres auoir consideré que les champs demeureroient infertiles sans estre cultiuez si le laboureur negligeoit de semer par les pierres & espines, & le mauuais temps ; de mesme si ceux qui ont entrepris & entreprennent tous les iours de faire quelque œuure, n'eussent pas voulu donner au public leurs trauaux crainte de la censure, les hommes seroient encore enueloppez & couuerts des tenebres de cette hideuse ignorance des premiers siecles ; ce n'est pas que ie veuille dire que ce Liuret apporte beaucoup de clarté, mais qu'il pourra donner & plaisir & admiration, pour les raretez & particularitez dont ie parle, qui ne sont trop vsitées ny communes en nostre France; & sçachez Lecteur que tout ce que i'escris des Citez, Forteresses, Antiquitez, Eglises, Iardins, Sepulchres, Places, Palais, Fleuues, Inscriptions, Ports & autres choses notables & rares, c'est pour les auoir reueuës à loisir. Et quant au nom propre des antiques, ie les ay apris de personnes doctes d'Italie, & les autres de quelques liures qui m'ont seulement seruy en quelque façon de guide à la recherche d'icelles, sans m'arrester ny escrite sur ce qu'ils disent, mais ce que i'ay veu & trouué conforme à la verité : car ce seroit manquer lourdement & apprester à rire, que d'asseurer choses dont mes yeux n'eussent eu la preuue. Reçois dont ce discours Amy Lecteur, comme vn tesmoin irreprochable, & ne sois point de ces mordicants & censeurs, qui ne veulent se souuenir de ce que nous a dit vn braue Poëte, sçauoir, qu'il est bien aisé de reprendre, mais malaisé de faire mieux.

AV SIEVR
DE
VOLOGER CHANOINE.

ELEGIE.

CHer Amy si le Ciel m'eut apris à
rimer,
Sçachant combien l'on doit ton ouurage
estimer,
Ie ferois auiourd'huy voir à toute la terre
Que ton escrit vaut mieux que tout ce
qu'elle enserre,
I'esleuerois ton nom malgré les enuieux,
Iusqu'au Trosne brillant du Monarque
des Dieux,
Et ie ferois passer tes excellents ouura-
ges,
Pour estre de la main du huictiesme des
Sages.
Les escrits de Varron le premier des
Romains
Que les doctes Pedants ont tousiours
dans les mains,
Ceux du grand Ciceron pere de l'élo-
quence,
Qui plaida si souuent contre le docte

Hortenſe,
Ceux de Pline le grand, qui fuſt vn grand menteur
Et de Quintilian qui forme l'Orateur,
Aupres de tes eſcrits, ont ſi peu de lumiere,
Qu'il ne leur faut d'employ que chez vne beurriere.
Que tu parois ſcauant aux curioſitez
Que tu vas deſcouurant par toutes les Citez,
Que la France bons-Dieux cherira ton ouurage,
Qu'vn voyageur zelé trouuera d'auantage
En ton ioly Liuret, qui luy fera ſçauoir
Ce que par les chemins il eſt beſoin de voir.
Quoy qu'en die l'enuie il faut que l'on confeſſe,
Que ton docte Volume au ſortir de la Preſſe,
Sera ſi bien receu chez chaſque nation
Qu'elle en deſirera voir la traduction,
Et que dans peu de temps par tout on pourra lire
Ce qu'en langage franc tu pris plaiſir d'eſcrire,
Londre, Dublin, Madril, le grand

Caire & Memphis,
Enſeigneront bien toſt tes œuures à leurs fils,
Rome, Naples, Veniſe, & la grand Cracouie,
Bien-toſt te donneront vne éternelle vie,
Et bien toſt l'on verra dans le noble Serrail
Les beaux trais delicats de ton rare trauail
Tu verras l'Inde chaud, & l'Arabe & les Perſes,
On te fera parler maintes langues diuerſes.
Bref ton eſcrit fameux qui n'a point ſon pareil,
Ira par tous les lieux où l'on voit le Soleil,
Et meſme ſi la Mer qu'on nomme glaciale
Permettre le pouuoit, cette race brutale,
Chez qui le temps d'vn iour égale douze mois,
Cognoiſtront par toy ſeul la vertu des François,
Et de toy receuant l'art & la politeſſe,
Feroit en ton endroict magnifique largeſſe,
Et t'enuoyant icy de ſa neige à foiſon,

Nous beurions du vin frais dans la chaude saison.
Mais hola, c'est trop dit, & ma veine ce lasse
Escriuant d'vn subiect qui si fort le surpasse,
Et c'est trop entrepris pour vn maigre rimeur,
Ie finis donc, Adieu ie suis ton seruiteur.

L'A B. D. S. A.

AVX VOYAGEVRS.

SVs Voyageurs suiuez ce clair flambeau,
Qui vous conduit sur la terre & sur l'onde
Et vous faict voir ce qu'on peut voir de beau,
Dans le circuit du grand & vaste monde.
Preparez vous pour aller au S. Lieu,
Baiser les pieds du Vicaire de Dieu,
Vous y pouuez aller en asseurance,
Et grand plaisir aurez par le chemin,
Si vous voyez ce qu'vne docte main
Vous laisse escrit de l'Italie & de la Frãce.

Le R.

EPIGRAME.

I'Ay leu les grands Itineraires,
I'ay leu des mers le grand routier,
Mais leurs Autheurs ſont trop vulgaires
Et n'entendent pas leur meſtier:
Dans la deſcription des villes
Ils paroiſſent ſi mal habiles,
Ignares, & peu curieux,
Qu'il n'eſt point de valet de poſtes
Qui n'inſtruiſe bien mieux ſes hoſtes,
De ce qu'il faut voir en tous lieux.

Neceſſaires ſont tes ouurages
Pour diſſiper l'obſcurité,
De ces Autheurs plus fols que ſages,
Qui peu de gloire ont merité:
Tu paſſe les clartés obſcures,
Qu'ont apporté leurs eſcritures,
Et les voyageurs par ton art
Vont receuoir tant de lumiere,
Que ton œuure eſtant la premiere
Ils ſeroient venus vn peu tart.

D. V.

QVATRAIN.

C'Est icy le chef d'œuure, où l'on peut voir comment,
Le Pelerin se doit comporter en voyage,
Le Cazanier aussi en prendr a son vsage,
L'vn voyant en effect, l'autre d'entendement.
Pour beaucoup sçauoir,
Il faut beaucoup voir.

Poictou.

SONNET,
AV S^r DE VOLOGER.

EN vain ces conquerans amoureux de leur gloire
Pour s'immortaliser soit en guerre ou en paix,
Auroient edifié des superbes Palais,

Si quelques escriuains n'en eussent faict
memoire.

Qu'Ilion aye esté l'on ne le voudroit
croire,
Si ce grand Poëte Grec n'eust chanté ses
hauts faicts,
Les Thebes dureront parmy nous à iamais,
Par les fameux escrits d'vne celebre Histoire.

Vologer tant de lieux & tant de Tem-
ples Saincts,
Que ta plume nous a si doctement de-
peints,
Te doiuent beaucoup plus qu'ils ne font
à leur pere:
Que le temps ennemy de l'immortalité,
Ialoux de leur renom les reduise en pous-
siere,
Ils ont par tes escrits acquis l'éternité.

G. OVD

AL SIGNOR
DE VOLOGER
DIGNISSIMO CANONICO.

SAggio pittor, che ritrahendo in carte
Col pennel de la gloria opre si belle
Fai chiaro il nome tuo per ogni parte,
El grido anco sonar fin à le stelle

Le. T.

DOMINO VOLOGERO
SVPER EDITIONE SVI
ITINERARII.

VAde age, nec dubita latum, liber, ire per orbem
Auspice Fontaneo, qui tua dicta probat
Nam ne non poteras alio, & fœlicibus æque
Prodire auspicijs; hoc duce tutus eris.
Æternos per te recipit legatus honores
Perpetuum authori cōciliasque decus.
At tu Romanam peregrè qui tendis in vrb[em]
Hunc tibi per cunctis sume, Viator, opus.

Nam-

Namque fatigatum longâ regione viatorum
Exiguus potis est te recreare liber.
Securum bene munit iter, loca singula pandens
Et mores, ritus, temperiemque notat
Admonet & quidquid rarum ac mirabile visu
Lætus inoffenso iam potes ire pede.

MAR. GRA.

AV SIEVR DE VOLOGER FONTENAY SVR SON LIVRE.

FRançois si vous estes tentéz
De parcourir la terre & l'onde,
Pour voir ce qu'est de beau au monde
Ie vous prie de grace escoutéz
Vologer est vn guide sage,
Vous pouuez, auec son voyage
Donner iusques à Rome, & voir comme en ce lieu
L'Empire se maintient, du Lieutenant de Dieu,
Vous verrez ces Palais, ces superbes Edifices

Ces Temples ſi fameux, ces lieux pleins de delices,
Qui eſtoiẽt beaux jadis, mais dont le luſtre encor,
Paroiſt bien rehauſſé par l'argent & par l'or,
Dont le meſlange faict auec que la Peinture
Aſſemble en meſme lieu, & l'Art & la Nature:
Le tout ſi accomply auec que tant d'accors
Qu'on ne ſcait qui des deux, eſt ou l'ombre ou le corps:
On ne ſçauroit aſſez admirer tant de choſes
Sans faire que l'eſprit dans des metamorphoſes
Ne ſe trouue changé, à l'aſpect de ces lieux
Qui pourroient attirer meſme du ciel les Dieux
Ie ceſſe de rimer Vologer mon fidelle
Mon eſprit rampe trop, ie ne ſuis pas vn Aigle
Pour porter dans le ciel la gloire de ton nom:
Ie finis te diſant que ſi ta docte plume
Euſt voulu compoſer, vn plus ample Volume,

Qu'elle eust esté la piece de cét eschantillon.

C. D. F.

Y. Caro de fonte natus.

AV LECTEVR.

SIXAIN.

LEcteur tu te plaindrois à tort,
De ce qui doit plaire si fort,
Est ce pas le fruict du voyage
De remarquer Fleuues, Citez,
Paroisses, Vniuersitez,
Que peut on faire d'auantage.

De la A.

SONETTO.

TAnte Bellezze scopre in questo mondo
L'Eccelsa penna, nel suo stil gentile,
Che mi par oro pur la terra vile,
Nel tuo parlar cosi è facondo,

Per me non credo che lo spirto immondo

Poteſſe ritrouar coſi bel ſtilo,
Benche ad ogni altro ſi troui habile,
Et poſſa tutto far dal cielo al fondo.

Sù Sù Romani preſto celebrate,
Et con gli allori voſtri coronate,
Quel capo degno d'vne corona.

Famoſo Egli ſarà frà viandanti,
Che la giuuentu nel libro ſprona,
D'andar à veder il Papà & i Sancti.

L'AB. Coq.

AVX ESTRANGERS.

Allemants, Hongres, Eſtrangers,
Si voulez voyager en France,
Sans employer voſtre finance
En liures ſots & menſongers
Sans acheter d'Itineraire,
En langue Latine ou vulgaire,
Achetez ce Liuret fameux
Vous trouuerez en ce Volume
L'accompliſſement de vos veux
Qu'a produit vne docte plume.

L'AB. Coq.

AV LIBRAIRE.

C'Est assez que tu mets au front de cét Ouurage
Le beau nom de Bailleul pour luy donner credit :
Soubs ce tiltre fameux il doit sans contredit,
Brauer l'effort du temps & viure dauantage.

GAM.

QVATRAIN
AV Sr. DE VOLOGER.

C'Est peu de te louër en t'oyant discourir
Ie mettray ton Liuret au nombre des merueilles
Car d'vn art excellent sans me faire mourir
Tu m'as deux fois rauy l'ame par les oreilles

DV PLESSIS.

DIALOGVE

DEMANDE DE L'ESTRANGER.

DIctes vn peu Seigneur François,
Quel Liure traicte du voyage,
Auec delicatesse & poids,
Non sans les graces du langage.

REPONSE DV FRANCOIS.

VOus pouuez Seigneur Estranger,
Sans qu'autre vous soit necessaire
Lire ce qu'a faict Vologer,
Qu'à tous iustement l'on prefere.

Di M.

QVATRAIN.

MOn Vologer si i'estois pris
A iuge pour faire cognoistre
L'excellence des beaux esprits,
Vrayement le tien seroit le maistre.

De Fl

AV S^r DE VOLOGER

HVICTAIN.

QVe tu nous rends contents te contentant toy mesme,
En la description de tant de raretez:
On te doit Vologer, vne loüange extréme,
Puis que tu nous faicts part de ces antiquitez.

Tu viuras glorieux, & plus heureux encore
D'auoir bien rencontré pour offrir tes labeurs,
Car ce grand de BAILLEVL qui ton ouurage honore,
Promet par sa faueur d'aggrandir tes honneurs.

DESCHAMS.

AL. SIGNOR DE VOLOGER, DIGNISSIMO CANONICO.

CHi brama vedere con volo leggiero
Le marauiglie che mira quaiù il sole,
Legga pur, te tue opre Vologiero
Poiche tu scriui della terrestre mole,

In poche foglie con ſtil dotto & raro
Quelle parti ch'ogn'vno più ſtimar ſuole,
O quanti nobili di ſangue & di cuore,
Lieti ſequitaran il tuo Ambaſciatore.

G. Ovd.

ALL'AVTHORE.

NOn pur di lido in lido
De voſtri alteri piegi,
De'chiari fatti egregi
Correſo famoſo il grido;
Ma voſtra fama illuſtre
Con troppo altero volo,
L'alte nubi trapaſſa, è tocca il polo.

De Vill.

A MONSIEVR DE FONTENAY VOLOGER.

AMY I'ay pené à faire voir
Lors que ie te rens ce deuoir
D'vn air qui semble assez
vulgaire
Que ie sçay bien qu'il vaut mieux taire
Vne vertu de son amy
Que de l'estimer à demy.
Ie sçais les raisons d'Aenée
Ie leu ce que pensa d'Anée
Des mortels de plus grand esprit,
Ie sçais aussi qu'il se dédit
Du marché faict auec la gloire
Qu'au premier pas de son Histoire
Perdant d'escrire le dessein
La plume tomba de sa main.
Doisie apres vn si rare exemple
Penser à te bastir vn Temple
Et n'as tu pas enfin raison
Voyant vn zele hors de saison
Vne guirlande si petite
Que ie consacre à ton merite,
De payer d'vn rebut honteux

é v

Le petit nombre de mes vœux.

Toutesfois reprens ta memoire
Souuiens toy qu'vn Dieu dans la gloire
Qui ne void rien d'égal à soy,
Reçoit du Berger & du Roy
Les encens & le sacrifice,
Et qu'exempt de cette auarice
Qui se treuue auec le mortel
Il se plaist autant sur l'Autel
Paré de coquilles & d'herbes
Que sur ces Trosnes si superbes
Où les Perles & les Rubis
Semblant disputer de leur prix
Auec la teste qu'ils couronnent
Au lieu de l'éclat qu'ils luy donnent
D'vne insolente vanité
Deshonorent sa Majesté.

Sçache que la mer des Espagnes
Reçoit la gresse des Montagnes
Que traisne vn furieux Torrent
Et que la mesme aussi le rend
Par vn prodige de nostre aage
Tout l'or & le Cristal du Tage,
Tu Sçais que le Louure & Limours
Ont aussi bien leur bassecours
Que leur superbes Galleries,
Et qu'il croist dans les Thuilleries
Entre la Tulippe & l'œillet
De la Sauge & du Serpolet

Permets donc (Amy) que ie donne
Vne des fleurs de ta couronne,
Et que parmy ces grands esprits
Dont le nom d'abord m'a surpris
Si mon genie m'abandonne,
Nostre affection luy redonne
Vn reste de ce noble feu
Pour esleuer encor vn peu
C'est donc icy que ie proteste
D'vne humilité peu modeste
Que i'ay peine de t'auoüer
Qu'vn sujet si grand à loüer
Pour qui se faict vn grand Volume
S'offrit le dernier à ma plume.
Ie creu qu'vn si celebre nom
Pouuoit plustost donner renom
Qu'il n'en peut receuoir des autres,
Que mon ouurage aupres des vostres
Comme vn faux lustre sans appas
Vous faict part de ce qu'il n'a pas.

Taci Canzon mia Taci
C'hal sol che tanto luce
Non pò picciola face accrescer luce.

Lecteur porte plus haut tes yeux
Laisse ces soings iniurieux
Que ie deuois à sa memoire
Et qui reprochent à la gloire

Aprés ceux qu'elle en auoit pris,
D'auoir souffert que pour vn prix
Que le Ciel auoit faict pour elle
Vn autre à la seruir se trouuast peu fidelle.
Rappelle icy tous tes esprits
Ne crois rien de ce que i'en dis
Escoute l'estime des Sages
Et voyant que de ses ouurages
De Baillevl est le Mœcenas
Pourquoy ne luy donne tu pas
La récompense qu'il merite
Et souffre tu qu'vn hypocrite
Se d'estachant du bon party
S'offence des deuoirs qu'on rend à son
amy.

VOYAGE FAICT EN ITALIE, PAR MONSIEVR LE MARQVIS DE FONTENAY MARVEIL,

Ambassadeur du Roy pres de sa Sainctеté, en l'an 1641.

Où est compris tout ce qui ce voit de remarquable, de Paris à Rome.

ESSONNE.

MONSIEVR le MARQVIS DE FONTENAY ayant pris congé du Roy & de ses principaux Ministres, pour aller en Ambassade vers sa SAINCTETÉ, où sa MAIESTÉ l'enuoyoit, il partist *Incognito* de Paris le 17. de Iuin

1641. accompagné de quelques Seigneurs & Dames, qui le conduisirent iusques à Essonne, Bourg à sept lieuës dudit Paris, où le sieur Esselin qui luy estoit venu au deuant, n'oublia rien de tout ce que sa ciuilité & courtoisie ordinaire luy peust sugerer, pour le loger & traicter à disner dans sa Maison de plaisance autant diuertissante que belle, soit par la quantité des eaux & beaux jardinages qui s'y rencontrent, soit par la rareté de tres-excellentes Peintures dont elle est parée.

COVRANCE.

LE lendemain toute sa suitte le vinst joindre audit Essonne, où ayants disné on fust coucher à Courance, Bourg à quatre lieuës d'Essonne appartenant à Monsieur Gallar Conseiller du Roy, dans la maison duquel on ne trouua pas moings de commodité dans les diuers appartemens qu'elle contient, que de recreation à l'aspect des eaux & paysages qui la joignent.

MONTARGIS.

LE lendemain l'on fust coucher à Montargis, ville à 13. lieuës dudit

Courance, située en vn marescage & entourée du canal de Loyre, qui fauorise son frequent traffiq de bois & de cendres.

Elle a esté donnée depuis peu en appanage à Monsieur le Duc d'Orleans, & il y a Presidial & Eslection en icelle.

Son Chasteau est sur vn haut en fort belle veuë cõmandé par Mõsieur de Favre, & dans icelluy on voit vne sale autant admirable par les marques qui y parroissent de son antiquité, qui consistent en quelques peintures, que par sa longueur extraordinaire.

BRIARE.

LE iour suiuant l'on fust coucher à Briare, Bourg à sept lieuës dudit Montargis appartenant à Monsieur le Marquis Défiat, situé sur le bord de la riuiere de Loyre, où commencent les esclüses du canal de ladite riuiere, qui va iusques audit Montargis, & de Mõtargis à Paris. La premiere esclufe est fort grande, & l'embouchure de ladite riuiére & son plus commun traffiq n'est qu'en sapin, cendres & vin.

CONE.

Le lendemain on se rendit à Cone, ville à sept lieuës dudit Briare dependante de l'Euesché d'Auxerre, que Monsieur de Broc de S. Marc possede à present.

Sa situation est sur le bord de la riuiere de Loyre, estant munie de faulx-bourgs dans l'vn desquels Madame de Neuers a Iustice, comme dependant auec douze parroisses qui sont autour du Chasteau, fort antique, appartenant à ladite Dame.

Elle dépend de l'Eslection de Gien, y ayant vn Bailliage & vn tres beau Prieuré simple.

LA CHARITE'

LE lendemain l'on fust coucher à la Charité, ville à sept lieuës dudit Cone, faisant la moitié du chemin de Paris à Lyon.

Cette ville est grande & assez bien reparée construicte en pente sur le bord de Loyre, & ayant deux beaux Ponts, l'vn de pierre, & l'autre de bois, le Seigneur spirituel & temporel d'icelle est Monsieur le Cardinal de Lyon, qui est aussi possesseur d'vn Prieuré Conuentuel dependant de l'Abbaye de Cluny, qui vaut plus de vingt-mil liures, fondé depuis six cents ans, & dans lequel les Religieux reformez de la Congregation dudit Cluny & appellée S. Maur auroient esté introduits.

L'on voit à l'entrée dudit Prieuré vn assez beau bastiment, qui sert de logement au Prieur & de Chasteau à la ville.

L'Eglise d'iceluy nommée N. Dame de la Charité, a esté ruinée & bruslée par deux fois du temps des Guerres, ce qui reste estant fort bien basty, le paué du tour du maistre Autel qui est à la Mosayque, donnant sujet de regretter ses ruines.

Il y a quatre parroisses en ladite ville, & vn fort beau Bailliage, & ce qui est de plus remarquable parmy les bastiments d'icelle est la Hale qui est d'vne prodigieuse longueur.

A la sortie de la Charité quittant l'Auxerrois, l'on entre dans le Niuernois qui commence à vne lieuë & demye de la Charité, par vn petit village situé sur le grand chemin appellé la Marche.

Le pays est plus couuert que le precedent, mais moins que celuy qui suit où, l'on trouue Pougue village à vne lieuë & demye de la Marche, & comme le peu de consequence des villages que l'on trouue en chemin faisant, m'oblige à les obmettre; La grande vtilité que l'on reçoit de celuy-cy par les effets de ses eaux, me conuie d'autant plus à ny rien oublyer.

POVGVE.

CE lieu est tellement estimé, par la bonté de ses eaux, dont plusieurs personnes infirmes sentent iournellement les effets pour le recouurement & conseruation de leur santé venants à en boire, qu'il a obligé les plus aisés de cette Prouince à y faire bastir de nouuelles maisons, & reparer les vieilles.

Sa situation est au milieu de quantité de petites montaignes, & le lieu où l'on prend les eaux medecinales, est vne petite maison fort gentille nouuellement bastie, où il n'y a qu'vn corps de logis duquel la veuë est agreable, regardant vne grande Cour, au milieu de laquelle il y a vn grand bassin en ouale.

Plus loing du costé du midy est la fontaine medecinale, dont les eaux sont receuës dans vn bassin, reuestuë d'vn autre bassin de figure ronde & large comme le fonds d'vn muyds de vin, ayant douze pieds de profondeur, dans ledit bassin l'eau boüillõne sans cesse & est tousiours tiede, ayant le goust d'vne eau dans laquelle auroit esté infusé de l'alvn de roche, l'on tient que cette source vient d'vne montagne, voisine à vn petit quart de lieuë de là du costé du Septentrion.

Hors la Cour de ce logis du costé du leuant, il y a vn pré, autour duquel l'on voit plusieurs petites logettes construictes en arcade, pour la commodité des ennemis de Bacchus.

NEVERS.

LE lendemain l'on fust coucher à Neuers, ville à cinq lieuës de la Charité située sur le bord de Loyre, close de bonnes murailles & entourée de bons fossez, elle est haute & basse, & au bout d'icelle à la porte du doux Sixeau, il y a vne petite riuiere qui se descharge en Loyre, appellée Nieure, prenant sa source à S. Benoist des bois, à six lieuës dudit Neuers, où il y a vn certain droict estably parmy les Mariniers, qu'il faut que ceux qui entrent en leur vacatiõ payent, à peine d'estre plongez par trois fois dans l'eau.

L'on voit en ladite ville vn Pont magnifique, tout basty de pierre de taille, Iule Cæsar dans ses Commentaires des guerres des Gaules liu. 7. tesmoigne que cette ville a esté vn de ses Magasins, & aussi elle est fort signalée en grandeur & antiquité.

Il y a vn Euesché en icelle, vn bon

Baillage & Eslection, le Presidial estant à S. Pierre le Moustier; & a pour Gouuerneur Monsieur le Comte de Maligny.

Le Palais du Duc est fort beau, situé deuant vne grande place quarrée, entourée de maisons basties en arcade, qui se rendent presque semblables à la place Royalle.

Ladite ville contient en soy onze parroisses, dont l'Eglise Cathedrale s'appelle Sainct Syr, laquelle au commencement estoit dediée à S. Geruais, mais le Roy Charles le Chauue ayant grande deuotion à Sainct Syr, il voulut que cette Eglise Cathedrale en portast le nom, & luy donna plusieurs Reliques de ce S. où il y a Chanoines & semiprebendes, les Chanoineries ne valants pas plus de sept à huict cents liures, & quatre-vingts Ecclesiastiques qui ne portent point l'Aumusse.

A main gauche pres le Maistre Autel d'icelle se voit le Tombeau de Messire Louys de Gonzague Seigneur de Neuers, comme aussi la sepulture de Messieurs & Dames de Neuers.

Le Tombeau de Monsieur de Neuers dernier mort, n'en est pas esloigné, & bien qu'imparfaict, le dessein representé par les commencements de sa construction, le faict esperer aussi beau que les autres.

Ie ne parleray point de plusieurs autres beaux Tombeaux que cette Eglise contient, comme celuy du Duc Iean, de Monsieur de Cleues, de Catherine de Bourbon, mais ie diray seulement qu'ils ornent grandement le Maistre Autel de ladite Eglise.

A l'entrée de ladite ville est l'Eglise des Minimes fort bien bastie, auoisinée d'vn parc où il y a vn fort beau Mail, & plusieurs autres ieux d'exercice, Monsieur le Duc est fondateur d'icelle, & ce qui est digne d'estre veu dans le Conuent, est vne Biblioteque fort curieuse.

On y faict grand trafiq de veure & de fayance en cette ville.

Aux aduenuës d'icelle sont plusieurs Conuents de Capucins, Carmes, Iacobins, Augustins Recolez & Iesuites, dont les Eglises sont basties à l'Italienne.

VILLENEUFVE.

De Neuers on fust coucher à la Villeneufue à neuf lieuës dudit Neuers, appartenant à Monsieur de Guenegau, au bas de ce Bourg passe la riuiere d'Aillier assez grande, laquelle prend sa source au dessus de Clermont en Auuergne, & se descharge en Loyre, en vn lieu nommé le Bec d'Allier.

MOVLINS.

LE lendemain l'on fust disner à Moulins, ville principale du Bourbonnois à deux lieuës & demye de la Villeneufue, assise sur la riuiere d'Aillier estant de l'Euesché d'Autun, ayant vn siege presidial.

Il y a vn Chasteau que les anciens Princes de Bourbõ ont fait bastir, & qui est tres beau, tant pour sa situatiõ & celle du jardin qui le joint, que pour la diuersité des arbres des païs estrangers, & principalemẽt pour quelques Citroniers & Orãgers qui sont d'vne grandeur extraordinaire.

Cette ville est d'autant plus à estimée qu'elle a esté donnée pour appanage des Reynes Meres.

Il y a vne Eglise Colegiale qui porte le nom de N. Dame, & aussi sept parroisses, & les habitans de cette ville sont la pluspart Couteliers.

Le peu de temps que Mõsieur le Marquis de Fontenay s'y arresta, fust mesnagé par les personnes de condition de ladite ville, qui l'employerent à le visiter.

VARENNE.

L'On fust coucher le mesme iour à Varenne petite ville à six lieuës dudit Moulins, entourée de murailles appartenant par engagement à Monsieur de Bellenaue.

Au bas du faulx-bourg est vne petite riuiere nommée Vallenson, laquelle est neantmoins grosse en hyuer, venant d'Auuergne, & la riuiere d'Allier passe vn peu plus bas d'icelle.

Il y a vn Bailliage dans ladite ville, toutes les procedures que l'on y faict n'estants qu'au nom du Roy, & non du Seigneur.

Elle contient deux parroisses, & vne maison de Religieux de l'ordre de Saincte Croix.

LA PALICE.

VOus venez à la Palice gros Bourg situé sur le haut d'vne Montagne, & passe au bas vne petite riuiere. Monsieur le Marquis de S. Gerant en est Seigneur.

On ne doit negliger de voir le Chasteau qui est fort beau, tant pour son assiete, Structure, & peintures, que pour vn grand Parcq qui l'accompagne.

LA PACAYDIERE.

Le iour suiuant l'on fust coucher à la Pacaudiere où est la poste, & duquel le Roy est Seigneur.

ROANE.

LE mesme iour l'on vinst disner à Roane à trois lieux de la Pacaudiere, cette ville n'est pas de deffence, & est située au bord de la riuiere de Loyre, qui vne lieuë plus haut que Roane commence de porter Bateau, prenant sa source huict ou dix lieuës au dessus en Auuergne.

Il y a dans icelle vn Presidial & Ellection, & depend de l'Euesché de Clermont.

Elle contient plusieurs Conuents, & sur tout vne fort belle maison de Iesuistes.

L'on se sert ordinairement de Barque pour passer Loyre, attendu qu'il n'y a point de Pont.

Roane est vne Duché sans pairie, dont porte encore le nom Monsieur le Duc de Rouanes.

Apres auoir passé saincte Marguerite venant de Roane auant que d'arriuer à S. Syforien de l'Ail, l'on voit du costé du couchant les montagnes de l'Auuergne, & principalement le Mont d'Or mentionné dans l'Astrée de Monsieur le Marquis d'Vrfé.

S. SYFORIEN.

L'On fust coucher à S. Syforien de l'Ail village à quatre lieuës de Rouane, situé au haut des montagnes, appartenant à Monsieur le Duc d'Orleans.

L'on voit vn assez joly Chasteau sur vn haut, detaché dudit village.

TARARE.

Le lendemain l'on fust disner à Tarare premier Bourg du costé de Paris à sept lieuës de S. Syforien, où commence le pays Lyonnois, quoy que dans vn petit village nommé S. Martin, commence le Gouuernement de Lyon.

Ce Bourg est sans closture, situé entre deux montagnes fort proches l'vne de l'autre, & au bas d'icelles; est le grand chemin de Lyon, que lesdites montagnes a compagnent jusqu'à trois lieuës par delà ledit Bourg.

LA BRELLE.

Le mesme jour l'on fust coucher à la Brelle petite villette à quatre lieuës dudit Tarare, entourée de montagnes dependant de l'Abbaye de Sauigny.

Il y a vn beau Bailliage, & vn Hospital asses commode, bien que commun.

Il s'y voit aussi vn Chasteau, mais ruiné.

LYON.

LE lendemain 29. Iuin, iour de la S. Pierre sur les quatre heures du soir, Monsieur le Marquis de Fontenay arriua à Lyon, où toutes les ciuilitez, & honneurs deuës à la qualité qu'il possede luy furent renduës, Monsieur le Cardinal de Lyon luy enuoya au deuant à vne lieu de la ville, son Aumosnier accompagné de trois ou quatre Carrosses qui luy fist compliment, & luy ayant rendu vne lettre de sa part, luy fist offre de l'Archeuesché pour logement, & Monsieur l'Ambassadour ne l'accepta pas, sçachant que l'Archeuesché n'estoit pas en estat à cause que l'on y trauailloit, il fust descendre au petit Louure, & fut dés le soir voir Monsieur le Cardinal de Lyon, & en suitte Monsieur d'Alincourt qui estoit malade, & Monsieur le Cardinal traicta Monsieur l'Ambassadeur, & le vint voir, comme aussi Madame la Marquise de

Ville-Roy, & les plus apparens de la ville.

La ville de Lyon est Archeuesché & des quatre Primats de la Frãce, & Presidial.

Cette ville est située dans vn fonds entre deux montagnes, sur l'vne desquelles entre la Sône, & le Septentrion sont les murailles & fortifications de la ville.

A l'entrée d'icelle du costé de Paris est la porte de Veze à costé de la riuiere de Sône, & au dessus de ladite porte est vn rocher sur lequel est basty vn Fort nommé Pierre Ancisé.

Le Bouleuart de S. Iean à l'autre costé de ladite riuiere, est digne d'estre veu pour l'excellence de sa fortification.

La porte S. Sebastien n'est pas moins considerable, où l'on voit les reparations faictes par Monsieur d'Alincourt. Cette porte est entre le Couchant & le Septentriõ, & au dessus la situatiõ du Cõuent des Chartreux, ausquels l'Eminence de cette place qui commande à la ville, a faict limiter l'estenduë de leur bastiment.

L'on y voit le Chasteau d'Anée tout à faict admirable pour son antiquité, agreable pour la situation & voisinage de l'Arcenal, & au bas se faict le mariage du Rhosne & de la Sône.

Ce Chasteau contenoit anciennement vn Temple nommé de la verité, où les Docteurs s'assembloient pour disputer de la Loy, estant à present vne Abaye de 25. mil liures de rente, possedée par Monsieur l'Abbé d'Alincourt, & sert d'habitation en temps d'Esté au Gouuerneur de la ville.

Au bas de la montagne du costé de Pierre-Ancise proche la riuiere est la parroisse de S. Paul où il y a Chanoinerie, dont l'Eglise a esté dediée visiblement par nostre Seigneur, & n'oseroit-on y enterrer personne, attendu qu'aussi-tost qu'vn corps est descendu dans la fosse, l'on y voit ruisseller le sang, de sorte que l'on est contrainct de se seruir de l'Eglise S. Laurens voisine de là, & rebastie depuis deux ans par Monsieur de Mascarany pour y enseuelir les morts.

Du costé de l'autre montagne & au bas d'icelle est la parroisse S. Nyzier, où il se voit le premier Autel qui ayt iamais esté dedié à la Vierge, dans cette Parroisse, il y a aussi des Chanoines.

Il y a vn Conuent de Celestins, & dans l'Eglise d'iceluy est vne belle Chappelle nommée N. Dame de bonnes nouuelles, dans laquelle il se faict souuent quantité de miracles. Le Cardinal George d'Amboise y est decedé, son cœur repose deuant le Maistre Autel.

De l'autre costé de la riuiere est la celebre Eglise de S. Iean ; cette Eglise fut premierement fondée en l'honneur de S. Estienne par S. Alpin 14. Euesque, mais depuis elle quitta ce nom pour prendre celuy de S. Iean Baptiste, l'image duquel se voit tout de marbre blanc au deuant de la grand porte, cette Eglise est des principales de France, tant pour sa dignité qu'antiquité, chacun sçait comme le Doyen porte le tiltre de Duc, & les Chanoines celuy de Comtes, desquels selon quelques Histoires, on tient qu'vn Roy de Bourgongne les a grandement enrichis.

La parroisse nommée S. Iuste est à voir pour la quantité des tres-belles Reliques qu'elle contient, entre lesquelles est le Chef de ce S. tout entier.

Parmy tous ses bastiments dignes de remarque, ie n'oublieray point celuy que les effects de la grande police qui y est d'autant plus agreable à Dieu qu'vtile au public, ont estably dans ladite ville c'est l'Hospital nommé la Charité, que la diuersité de quantité d'appartements qu'il contient, pour la commodité & retraitte separément des pauures de l'vn & l'autre sexe, & l'obseruation des ordres qui y sont pour l'entretien d'iceux, rendent tout à faict admirable, outre qu'il est tellement vaste, son entretient est si puissant, que l'on pourroit l'appeller le contenu de vingt Hospitaux, puis qu'il est cõmun à tous les pauures du Royaume qui se rencontrent en ladite ville, y ayant pour cét-effet des gardes aux portes gagez, qui en trouuants à l'entrée d'icelles n'ayants aucun mestier, ont soin de les mener dans ledit Hospital, où l'on leur en faict aprendre, & en cas qu'ils veüillent passer outre, l'on les conduit à l'autre porte, & les faict-on sortir auec cinq sols que l'on leur met en main.

Il y a huict Recteurs en iceluy faicts par élection annuelle, dont le premier est vn des Comtes de S. Iean, le second vn Tresorier de France habitant en la ville, le troisiesme vn homme de Iustice, & le reste Marchands, lesquels apres auoir employé vn an durant leurs soings aux necessitez & entretien de cette Maison, ils y laissent chacun quelque sõme d'argent pour la subsistance des pauures.

Monsieur le Marquis de Fontenay

ayant seiourné deux iours audit Lyon, fait ses visites chez Monsieur le Cardinal de Lyon & d'Alincourt, & receut celles des plus apparents de la ville, prist l'eau pour Auignon distant de trente six lieuës par terre, & de quarante six par eau, & fust coucher à Vienne.

VIENNE.

LA ville de Vienne l'vne des principales du Dauphiné, est sur le bord du Rhosne à cinq lieuës de Lyon, ayant Monsieur le Comte de Dizimieux pour Gouuerneur, pour Archeuesque Monsieur de Vilars.

Il y a Mareschaussée & Bailliage, & depuis quelques années le Roy y a estably vne Cour des Aydes.

Au haut de la coste voisine il y a deux Chasteaux, l'vn nommé Pippe, & l'autre Pompée, dans lesquels bien que ruinés attendu qu'ils commandoient à la ville y a garnison.

L'Eglise de S. estienne paroist extremement belle, autant pour sa construction que pour sa grandeur, y ayant dans icelle vingt-cinq Chanoines & vingt-cinq Prestres, tant Chantres que Chapelains.

L'on y voit aussi diuerses sortes de Religions, tant d'hommes que de filles, dont la plus part des Conuents sont bastis sur le Rhosne.

Le College des PP. Iesuites qui est en cette ville est fort remarquable, tant pour son bastiment ample & magnifique & sa situation tres-aduantageuse, que pour sa grande Bibliotheque, & le grand nombre desdits PP.

En vn des faulx-bourgs de cette ville passe vne petite riuiere nommée Geré, laquelle prenant sa source à vne lieuë de là, s'en vient du Septentrion au Midy choir dans le Rhosne, l'on voit sur cette petite riuiere diuerses machines, & entre autres celles qui seruent à faire les lames d'espées qui sont belles, dont la proprieté de l'eau est du tout admirable dans ses effets, pour la trempe des lames.

Pendant le fort peu de temps que Monsieur le Marquis de Fontenay fust en ladite ville, les plus apparents d'icelle le visiterent, & le lendemain apres auoir ouy Messe à l'Abbaye de S. André possedée par Monsieur Coquille, lequel vint ioindre mõdit sieur l'Ambassadeur à Marseille, il reprist le Batteau accompagné de plusieurs personnes de condition, qui ne voulurent le quitter iusqu'à ce que la vogue des rames les y obligeast, laquelle à mesme temps fust suiuie d'vne fanfare de Trompettes & battements de tambours.

Ste COLOMBE.

L'On voit sur le Rhosne plusieurs villes, Chasteaux & Bourgs, vis à vis de Vienne, dont le Bourg de Saincte Colombe en est l'vn, assis dans le Lyonnois y ayant vn Pont de bois, par lequel l'on passe, tout à faict dangereux pour les Batteaux.

Plus bas que Vienne, l'on voit sur le bord du Rhosne les vestiges de la maison de Pilate, & les lieux qui s'ensuiuent.

TOVRNON.

TOurnon est vne ville de deffence sur le Rhosne située dans le Viuarets, & en vne petite campagne asses agreable, c'est vne Euesché y ayant vn fort beau seminaire, que possedent les R. P. de la Compagnie de IESVS.

Cette ville anciennemẽt n'estoit qu'vn Chasteau construit au haut d'vne coline, & le grand Gregoire de Tours l'appelle en plusieurs endroicts Thauredunum,

VALANCE.

LA ville de Valance est vne des plus belles & fortes du Dauphiné assise sur le bord du Rhosne, dont Monsieur de Vennes Capitaine aux gardes est Gouuerneur, c'est vn Euesché & Duché, & il y a Vniuersité, & vn Siege Presidial. Le Roy François premier auoit faict commencer à la faire fortifier.

SOYON.

LE Bourg de Soyon à vne lieuë plus bas que Valance du costé droict en descendant, est situé au bas de la montagne, sur le haut de laquelle sont les ruines du Chasteau de Soyon, dans lequel y auoit vne Tour extremement forte, dont il est parlé aux Histoires de France, laquelle Monsieur le Prince depuis quelques années a faict demolir, & le Duc d'Vsez prend le tiltre de Prince de Soyō.

CHERME.

LE Chasteau de Cherme ou Querme, est vn peu plus bas appartenant à Madame la Marquise des Postes, situé dans le Viuarets assis sur la coste.

MONTELIMAR.

L'On voit le Montelimar ville assise dans le Viuarets, & située sur le penchant d'vne Montagne à vne lieuë du Rhosne, & vn peu plus bas à main droicte l'on trouue la riuiere de Dardeche qui separe le Viuarets d'auec le Languedoc.

S. ESPRIT.

LA ville du S. Esprit est la premiere du Languedoc du costé du Viuarets, assise dans vne belle plaine laquelle au droict de la ville est estroicte, & va en eslargissant vers le Languedoc iusqu'à ce qu'elle forme vne plaine de deux ou trois lieuës de largeur, cette ville est située sur le Rhosne, & auoisinée d'vne hautte coste qui la couure du costé du couchant, & Septentrion des vents de Bise, mais la met presque hors de deffence, attendu qu'elle la commande y ayant neantmoins vne bonne Citadelle.

Le Pont du S. Esprit est sur le Rhosne vis à vis de ladite ville, construict de pierre seruant de passage du Languedoc au Dauphiné, il contient trente trois arcades fort grandes, & vingt neuf petites, qui ne sont pas proprement arcades, mais ont la forme de fenestres, seruants seulement d'embellissement audit Pont, & d'enuiron huict pieds d'hauteur, & quatre de largeur. Le Gouuerneur de ladite ville est le sieur de Treuille Capitaine des mousquetaires du Roy.

MONDRAGON.

VN peu plus bas que le S. Esprit l'on voit Mondragon, ville assise dans la Prouence située au bas d'vne haute montagne sur le sommet de laquelle est bastie la Citadelle, l'vne & l'autre paroissants grandement fortes.

MORNAS.

VNe lieuë plus bas que Mondragon l'on voit Mornas à main gauche en descendant, premiere ville de la Comté d'Auignon voisine d'vne montagne sur laquelle est la Citadelle d'égalle force, l'vne & l'autre en fortification.

S. ESTIENNE.

L'On voit vn peu plus bas S. Estienne ville à main droicte vers le Languedoc, située au pied d'vne montagne, au haut de laquelle est vn Chasteau appellé lé S. Victor de la Coste, & la bourgade l'vn & l'autre merueilleusement forts.

ORANGE.

LA ville d'Orange est à trois lieuës & demy au dessus d'Auignon, à vne lieuë & demy du bord du Rhosne, assise entre la Prouence & la Comté d'Auignon, située au bas d'vne montagne qui la couure du Septemtrion & leuant, estant enuironnée d'vne petite riuiere; Au midy & couchant sur la montagne voisine, est vne Citadelle qui commande à ladite ville.

C'est vne Euesché & vne Principauté appartenant au Prince d'Orange : Ie passe sous silence plusieurs choses d'ont l'antiquité merite nostre admiration.

LOVDVN.

LOudun est vne petite ville située au bas d'vne coste qui la met à couuert du Septemtrion à deux lieuës loing du Rhosne assise dans le Languedoc, où l'on recueille de tres-bons vins.

MONTFAVCON.

VN peu plus bas que Loudun à vn petit quart de lieuë du Rhosne, est

Montfaucon, bon Bourg situé sur la coste proche du Rhosne.

L'AIR.

L'Air est vn Chasteau à vne lieuë & demye d'Auignon du costé du Languedoc extremement fort, situé au milieu du Rhosne sur vn Rocher qui semble n'estre qu'vne pierre.

AVIGNON.

LE quatriesme Iuillet sur les deux heures apres midy, Monsieur le Marquis de Fontenay arriua auec toute sa suitte en Auignon, où l'on auoit mis des gardes fusiles aduennës, pour descouurir le batteau dans lequel il estoit embarqué, lequel s'estant faict cognoistre par vn estandart qu'il auoit arboré, donna le temps à la Soldatesque qui bordoit le port, commandée par vn Officier de se preparer à vn salue de mousquetades qu'ils firent à son arriuée, suiuy de plus de cent boites, & à mesme temps qu'il fust complimenté de cet Officier, Monsieur Sforce Vicelegat d'Auignon le vinst receuoir hors la ville, accompagné de plusieurs carrosses, cependant les Trompettes & Tambours à l'enuy des mousquetades & boites ja tirées, concouroient par leurs fanfares & battements à sa reception.

Estant arriué au Palais où il fut salué de trente coups de Canons & de plusieurs boites, fust conduict par mondit sieur le Vicelegat à l'appartement que l'on luy auoit preparé, dans lequel apres s'estre entretenu quelque peu de temps ensemble, l'on luy laissa prendre son repos ; mais il fust bien tost interrompu par les harangues suiuies de presens, de confitures, vins & flambeaux que luy firent les Consuls de la ville.

Il fust sumptueusement regalé à souper, où les voix de deux chœurs de Musique recreants agreablement l'oüye, secondoient le goust de la delicatesse des tres-excellents mets dont il estoit seruy.

Le lendemain matin il fust visité de Monsieur le Vicelegat, & des principaux de la ville qui l'accompagnerent à la Messe à S. Pierre de Luxembourg.

L'apresdinée se passa en promenades tout autour de la Ville, & dans quelques beaux jardins non loings de là.

Le iour suiuant il fust à la Messe à l'Eglise Cathedrale, & apres disner ayant esté prié des Iesuites d'aller voir leur

College, il y fust accompagné du Duc de Villars, & des plus apparents de la Comté qui l'estoient venu saluër.

Avignon est vne ville Papalle & Archepiscopale au bord du Rhosne, située sur le panchant d'vn rocher qui la fortifie grandement du costé du Septentrion, n'ayant autre fortification du costé du leuant & midy que ses murailles & fossez, les beaux edifices qu'elle contient dans son enclos & ceux de son voisinage, tesmoignent assez l'ancienne demeure des Papes & Cardinaulx qui y ont tenu leur Cour plus de soixante & dix ans, & ce depuis Clement cinquiesme, iusques à Gregoire XI.

Elle fust acheptée par le Pape Clement VI. de la Reyne Ieanne, fille de Robert Roy de Naples, ne pouuant sçauoir bien certainement son origine, & tous les Historiens estant de differentes opinions sur ce sujet, ie n'entreprendray pas de vous en asseurer rien de plus certain.

Il y a vn fort beau Pont de pierre sur le Rhosne, miraculeusement construict par S. Benezet petit Berger de la Comté d'Auignon.

La sepulture de la Laure amie de Petrarque est à voir, elle est dans le Conuent des Cordeliers.

Au reste tout le territoire Papal est arrousé de trois grandes riuieres, sçauoir le Rhosne, la Durance, & la Sorgue, sur chacune desquelles est située quelque ville Episcopale.

Cette ville est bien riche principalement en draps de soye, rubans & beau papier.

Monsieur l'Ambassadeur ayant seiourné trois iours en ladite ville, le lendemain apres auoir ouy Messe à Sainct Pierre de Luxambourg, & assisté à vne Procession qui s'y faisoit, en partist accompagné en cette façon.

Les Gendarmes & Suisses du Vicelegat marchoient en tres-bon ordre, au deuant du carrosse où il estoit auec ledit Vicelegat, plusieurs Gentils-hommes à cheual estoient en suitte, & quantité de carrosses qui le conduisirent de la sorte iusqu'au bort de la Durance, où Monsieur le Vicelegat le quitta apres diuers compliments.

La Durance est vne riuiere qui separe la Comté d'Auignon d'auec la Prouence, elle prend sa source du pied du Mont-Geneure au dessus de Brianson, laquelle retirant fort peu d'eau, se grossist tellement par la quantité des neiges des montagnes circonuoisines, venants à se fondre dans la saison de l'hyuer qu'elle cause annuellement des grands rauages, soit au terroir de son voisinage, soit aux barques qui la trauersent, où il se perd souuent du monde.

L'on voit à quatre ou cinq lieuës d'Auignon, vn reste glorieux de la magnificence des Romains, qui est le Pont du Gars fermé de deux montagnes, où lœil ne se peut lasser d'admirer la hauteur de cette masse, & les proportions admirables de trois rangs d'arches.

NOVE.

L'On trouue Noué au delà de la Durance bon Bourg, où Mondit sieur l'Ambassadeur fust salué des Habitans, qui luy firent offre de quelques rafraichissements.

ORGON.

Le mesme iour l'on fust coucher à Orgon grand Bourg, duquel Monsieur de Guyse est Seigneur, sa situation est sur le penchant d'vne montagne, au bas de laquelle passe vne petite riuiere. Son Chasteau est extremement fort, & il y a dans iceluy vne N. Dame qui faict souuent des miracles.

La campagne de son voisinage produit de tres-excellents vins, & quantité de Figuiers & Oliuiers, la plus part des terres vagues, estans couuertes de Romarins, Myrtres, Geneuriers & Palmiers sauuages.

LAMBESE.

LE iour suiuant l'on fust disner à Lambese bon Bourg à trois lieües d'Aix, où Monsieur l'Archeuesque d'Aix luy enuoya au deuant le grand Archidiacre dans son carrosse, qui luy rendit vne lettre de sa part, le suppliant instamment de prendre logement à l'Archeuesché, ce que Mondit sieur de Fontenay ayant accepté, arriuant à Aix le mesme soir vinst descendre à l'Archeuesché, où Monsieur le Comte de Bury le vint saluër, en suitte le Clergé, le Parlement, les Consuls, & plusieurs Gentils-hommes de la Prouince le vinrent complimenter.

AIX.

AIX est la ville capitale de la Prouence & Archeuesché, qui a soubs luy onze Eueschez, y ayant vn Parlement & Seneschaussée, dont Monsieur le Comte de Carées Lieutenant de Roy en cette Prouince & Seneschal.

Cette ville est située dans vn fonds enuironnée de collines, & close de simples murailles.

Il y a deux parroisses en icelle, la premiere appellée S. Sauueur qui est l'Eglise Cathedrale, seruie par des Chanoines fort bien rentez, à costé du Maistre Autel d'icelle est le Tombeau du Roy René premier Comte de Prouence.

L'autre parroisse est Saincte Magdeleine, qui n'est seruie que par des simples Chapelains.

Il y a vn fort beau College de Iesuites, & le premier bastiment qu'ils ayent faict faire du temps qu'ils ont esté introduicts dans cette Prouince : Ie ne sçaurois obmettre les curiositez du Cabinet de Monsieur de Bourille, qui certes sont à voir.

On voit encore au dedans des murailles de cette ville plusieurs marques d'antiquité, comme Tombeaux, Inscriptions & Colomnes.

Le lendemain Monsieur le Marquis de Fontenay, ayant entendu Messe & veu les Reliques en ladite Eglise S. Sauueur, fust conduict iusqu'à deux lieuës de ladite ville par Monsieur l'Archeuesque d'Aix, & vinst coucher à Marseille à cinq lieuës dudit Aix.

Monsieur de Gasparo vn des principaux Gentils-hommes de ladite ville, suiuy de quelques autres montez aduantageusement vinst au deuant de luy, & apres plusieurs compliments luy fist offre auec grande instance de sa maison, Mondit sieur de Fontenay l'ayant acceptée, le fist mettre dans son carrosse, & à mesme temps Monsieur le Bailly de Fourbin accompagné de quelques Cheualliers de Malthe, & autres Gentils-hommes suruinst à son rencontre auec les Consuls de ladite ville, & le conduisirent iusqu'à la maison dudit sieur Gasparo.

Le iour suiuant se passa en visites & compliments que les principaux de la ville luy vindrent faire, entre lesquels estoit Messieurs de Piles Gouuerneur du Chasteau d'yf & de Valbelle Lieutenant de ladite ville.

Quelques iours s'estants escoulez, & pour son repos & pour ses affaires, prist le chemin de Thoulon *incognito*, accompagné seulement de Monsieur le Comte de Bury, & de quelques Gentils-hommes de sa maison, où estant arriué il fust descendre chez Monsieur le Comte d'Alets Gouuerneur de cette Prouince, les Consuls de la ville ne manquerent de le venir visiter & complimẽter, & à mesme temps le conduisirent dans le logis qu'ils luy auoient preparé.

Pendant son seiour qui ne fust que d'vne iourné & demye dãs lad. Ville, Mõsieur l'Euesque de cette ville le traicta fort splendidement, & Monsieur de Vautorte Intendant de Iustice en cette Prouince, le regala aussi le lendemain tres-sumptueusement.

THOVLON.

LA ville de Thoulon est de deffence, située dans vne plaine auoisinée de quelques hautes montagnes, ce qui rend cette ville importante c'est la grande commodité que l'on y trouue, pour la leuée & retraitte des armées Naualles; & nottamment des vaisseaux ronds dans le grand & asseuré port de mer qui la joint, lequel pourroit contenir bien au large quinze cents Nauires, auec telle seureté que dans vne bourrasque de temps les ancres ou cables venants à rompre, ils ne sçauroient inuestir terre auec aucun danger, puis que le fonds ne consistant qu'en sable & herbes marines qui s'estendent abondamment iusques aux extremitez dudit port, fauorisent les abords des Nauires precipitées par la force des vagues & impetuosité des vents, & resistent sans aucune fraction à leurs violences.

A l'entrée dudit port il y a deux Tours vis à vis l'vne de l'autre, munies de bons canons, & d'vne garnison qui deffendent l'abord d'iceluy, le Gouuernement desquelles appartient à Monsieur de Beaupré.

Ce Port est bordé du costé du Ponent de belles prairies & jardinages, couuerts de quelques colines fertilles en Oliuiers, & auoisinés de maisons de plaisance, & d'vn Bourg nommé la Seyne abondant en vins, au dessus duquel est situé sur vne eminence vn bon village nõmé Sisfours, dependant de l'Abbaye de S. Victor de Marseille.

Il est enuironné du costé du leuant, d'vne agreable campagne entourée de colines fertiles en Capriers & tres-beaux vignobles forts couuerts, qui seruent de retraitte dans la saison à quantité de gibier, que la deffence de la chasse en ces endroicts authorisée par le Gouuerneur desdites forteresses, maintient en grand nombre.

L'entrée de la Darse vis à vis de la ville est deffenduë par deux bonnes plattes-formes munies de canons, n'y ayant que la chaisne entre-deux, sur lesquelles entrent iournellement deux compagnies en garde.

La ville est entourée de bonnes murailles, bastions bien terrassez, & de fort bons fossez bordez d'vne tres-belle contrescarpe, & Monsieur de Souliez en est Gouuerneur.

C'est vn Euesché Possedé par Monsieur de Marly, n'y ayant qu'vne parroisse qui contient quantité de tres-belles reliques, & sur tout du Laict de la Vierge qui cause souuent des grands miracles.

Quant au traffiq que l'on y exerce, il consiste en Sauon & Huiles, dont on retire annuellement vn grand denier.

BOISGENCIER.

Monsieur le Marquis de Fontenay voulant prendre le chemin de Boisgencier, qui est à trois lieuës de là pour aller à la Saincte Baume fust prié par Monsieur le Comte d'Alais qui prenoit la mesme route tirant vers Aix, d'entrer dans son carrosse, & furent ensemble iusques audit Boisgencier, où Monsieur de Valaues Baron de Riants les logea, & traitta splendidement dans sa maison de plaisance, fort bien bastie & diuertissante par la quantité de diuers jets d'eau qui s'y trouuent, & par vne infinité d'Orangers & Citroniers qui y forment de tres-belles allées. Cette maison doit estre veuë comme la plus accomplie qu'il y ait en Prouence, & vne personne sera tres-difficile s'il n'en sort satisfaict.

LA Ste BAVME.

LE iour suiuant ayant quitté Monsieur le Comte d'Alais cōtinua son voyage vers la Saincte Baume, le tres difficile accez de ce lieu l'ayant contrainct de mettre pied à terre estant sur la montagne, au sommet de laquelle est le S. Pilon où l'on voit vne petite Chapelle, il descendist iusqu'au rocher où la Ste Magdeleine faisoit penitence, joignant le Conuent des Religieux de l'Ordre de S. Dominique, qui le receurent auec toute sorte d'honneurs & de ciuilité.

S. MAXIMIN.

Apres y auoir ouy Messe & faict sa deuotion, Il disna dans ledit Conuent, & sur le soir s'en alla à S. Maximin à quatre lieuës de là, où le Viguier & les Consuls de la ville, accompagnez des plus apparents d'icelle, le vindrent receuoir aux portes & le conduisirent iusques dans le Conuent des Iacobins, qui sert de logement au Roy & aux grands Seigneurs.

S. ZACHARIE.

LE lendemain apres auoir ouy Messe en ladite Eglise, & veu le chef de Saincte Magdeleine, la Phiole dans laquelle est de la saincte Terre que la Madeleine amassa au dessus de la saincte Croix le Vendredy sainct, où il y a quantité de sang de nostre Sauueur, & vne chose admirable : c'est que tous les ans le Vẽdredy sainct, cette Phiole estãt mise sur vn Autel, & exposée au peuple qui accourt de tous les lieux pour la reuerer, on voit qu'elle boust comme si elle estoit sur le feu, & le sang de Iesus-Christ s'y voit separé de cette Terre. Il y a encore quantité d'autres Reliques tres-precieuses.

Mondit sieur Ambassadeur fut coucher à S. Zacharie, bon Bourg à sept lieuës de là tirant vers Marseille.

AVBAGNE.

LE iour suiuant il fust disner à Aubagne, village dependant de l'Euesché de Marseille, & de là coucher audit Marseille qui est à trois lieuës de là, où pendant le seiour qu'il fust contrainct d'y faire pour l'attente du retour des Galeres occupées en Catalogne, l'on luy donna la pesche du Ton, qui est tout à faict curieuse & diuertissante, & tous les plus apparents de la ville, ne cherchoient rien auec plus de passion que les moyens & occasions de luy faire bien passer son temps, & de tous endroicts on le venoit visiter : mesme l'Euesque de la Mego Ambassadeur de Portugal qui estoit à Aix, enuoya deux de ses Gentils-hommes le complimenter, & le sieur de Valaues n'oubliant rien de ces ciuilitez ordinaires le vint visiter, accompagné du Baron de Riants son fils, qui luy presenterent tous les plus beaux fruicts & fleurs qui se peussent voir en la Prouince ; que luy produit vne parfaicte maison de plaisance. Cependant Mondit sieur l'Ambassadeur depescha le sieur Board Secretaire de l'Ambassade pour Rome, lequel apres auoir baisé les pieds à sa Saincteté de la part de son Maistre, il fut en suitte saluër les Cardinaux, qui luy firent grand accueil.

MARSEILLE.

LA ville de Marseille est dans la Prouence, où comme dit Stephanus autheur Grec dans la Ligurie voisine de Gaule, ayant esté autresfois suiuant le dire de plusieurs Autheurs Republique. Iule Cesar au liure de la Guerre ciuile, dit que de trois costez cette ville estoit battuë de la mer, & le quatriesme quartier seruoit d'aduenuë par terre du costé de l'Orient & Septentrion, elle penche vers le port du costé du midy, y ayant au dessus d'iceluy vis à vis de ladite ville, vne montagne au sommet de laquelle est la Forteresse qu'on appelle N. Dame de la Garde, qui commande à la ville & deffend le Port.

Du costé de l'Occident est l'emboucheure du Port, ou proprement de la Darse reserrée entre deux rochers qui rendent le passage fort estroit, laquelle neantmoins se trouue plus retraissye par trois piles qui seruent à la closture d'icelle, par le moyen de la chaisne qui y est, dont la distance de l'vne à l'autre ne peut donner passage qu'à vne Galere.

Quant à son antiquité, Eusebius la faict par son rapport plus ancienne que Milan, ce qui se verifie par vn passage de Tite Liue, & est d'autant plus confirmé par les escrits d'Eustache qui la reputent bastie en la quarantecinquiesme Olympiade, dont la premiere année fust l'an de la creation du monde 3365. & Strabon rapporte qu'elle a esté bastie par les Phociens.

Sa situation est en pays montueux, y ayant vn Port au bas de la montagne en forme de Theatre qui tourne du costé du Midy, où les Nauires peuuent commodement se manier & ancrer.

L'Eglise principale de ladite ville est N. Dame de la Major, où il y a quarante cinq Chanoines de diuerses fondations, mais fort bonnes; La construction de cét Edifice, qui est encore à present presque en son entier, tesmoigne auoir esté autre fois vn Temple appellé *Ephesium*, consacré à Diane d'Epheze.

L'Eglise de S. Sauueur qui est à present vn Monastere de Religieuses, & autresfois vn Temple dedié à Apollon; Et celle de N. Dame des Accoules, qui estoit jadis vn Temple consacré à Pallas, ainsi que depuis peu quelques marques qui y ont paru de l'Image de cette Deesse nous le confirment, tesmoignent assez son antiquité, aussi-bien que deux autres Temples qui fermoient autresfois le Port, dont les deux Tours que l'on voit encore, l'vne appellée S. Iean qui est commanderie de Malthe, valant sept mil liures de rente, & l'autre S. Nicolas, font paroistre l'ancien bastiment.

A costé de la Darse à main gauche à la sortie d'icelle, est l'Abbaye S. Victor située au bas de la montagne extremement bien bastie, dont les meilleurs villages de cette Prouince dependent ; elle appartient à Monsieur le Cardinal de Lyon estant d'vn grand reuenu ; L'on croit qu'elle a esté bastie par Estienne Roy de Bourgongne, & quelques vns disent auoir esté construicte par S. Cassian.

La plus part des Moines d'icelle sont Gentils-hommes, & ont fort bon reuenu.

L'Eglise est tres-ancienne, ayant seruy autresfois d'habitation à saincte Magdeleine & au Lazare, & contient quantité de tres-belles Reliques, & principalement la Croix de S. André.

Parmy les coustumes des Marseillois, ie ne sçaurois passer soubs silence celle que l'entreprise du Roy Comanus fils de Cenanus Roy des Liguriens ou Geneuois, de les surprendre & les faire massacrer de nuict pendant qu'ils estoient estourdis par la force du vin, & lassez des danses, vn iour conſacré à la Deeſſe Flore les a contrainct d'obſeruer du depuis ; C'eſt que les iours des grandes feſtes & d'aſſemblées, meſmes aux Proceſſions, apres auoir publié par toute la ville au ſon des Trompettes, violons & bruit des tambours, le nom du Sainct dont ils celebroient la feſte ce iour là, ont accouſtumé de fermer leurs portes, faire le guet, & prendre le meſme ſoin qu'ils auroient en temps de guerre.

Ils ont enſeigné autresfois aux Gaulois leur voiſins à planter la vigne auant l'Empereur Probus, contre ce qu'ont eſcrit Eutropius & Voſpiſcus, & tient on pour aſſeuré qu'il y a eu des Oliuiers pluſtoſt à Marſeille, qu'en Italie, ainſi que Pline rapporte au liure 5. chapitre 1.

Quant à leur vertu guerriere, grande inclination & adreſſe au faict de la nauigation. Strabon en parle ſi aduentageuſement qu'il teſmoigne qu'ils ont eſté vtiles aux Romains.

Leur Gouuernement eſt Ariſtocratique, & leur direction appartient à ſix cents hommes, dont les quinze plus apparents ont ſoin des affaires qui requierent celerité parmy leſquels ſont trois Conſuls en tout Souuerains pardeſſus les autres, & vn Viguier que l'on appelle en France Maire, le quel outre la direction qu'il a de la Police, il administre la Iustice aux causes criminelles.

Auant la natiuité de N. Seigneur ils immoloient des personnes au lieu de Victime à Diane d'Ephese, à l'imitation des Phociens leurs ancestres ou des anciens Gaulois, que Cesar escrit au Liure de la Guerre Ciuile, auoir esté grandement adonnez à la deuotion, & au lieu où elle se pratticquoit le chant des oiseaux ny les hurlements des bestes sauuages n'y estoient point entendus, mais seulement vn espouuantable bruit des demons, & tel estoit le bois des Marseillois, où ils faisoient leurs sacrifices. Ce qui nous est confirmé par Lucian, & bien au long au Liure troisiesme.

Lucus erat longo numquam, &c.

Ce qui nous aprend qu'vn petit bois d'où jadis sortoit vne fontaine, est maintenant vn jardin que l'on voit au delà de la Darse, au dessoubs de N. Dame de la Garde où est encore ladite fontaine, & où Monsieur de Guyse auoit faict bastir.

Cette ville a esté fleurissante en tres-bon College & Academie, & en sont sortis des hommes tres-illustres, & plusieurs saincts Autheurs renommez, tant pour leur Doctrine que pour leur bonne vie, entre lesquels ſont les denommez.

S. Lazare Eueſque de Marſeille, lequel ayant eſté reſſuſcité par noſtre Sauueur ainſi que l'Hiſtoire nous l'aprend, vinſt aborder à Marſeille, & y preſcha auec telle efficace, que l'on viſt bien-toſt la Foy eſtablie dans cette Prouince.

S. Honoré ſecond Eueſque & grand Docteur, tres renommé du temps de Gennadius, qui le met entre les Eſcriuains Eccleſiaſtiques.

S. Caſſian grand Docteur, dont a eſcrit ledit Gennadius en pluſieurs endroicts, & Proſpere appuyé de Caſſiodore, diſant auoir eſté natif dudit Marſeille, & Diſciple de S. Chriſoſtome.

Policarpus ſelon Vincents liure 2. chap. 19. Eueſque de Marſeille, ayant eſté enuoyé par l'Eueſque d'Eureux audit Marſeille & Valance, pour aſſembler les Egliſes l'an 113.

Parmy les S^ts. Martyrs eſt S. Victor, lequel a eſté diuerſement tourmenté ſoubs Diocletian & Maximian, qui le vouloient faire ſacrifier Longin, Felician, & Albanus ainſi que Regine Abbé de Pruin rapporte, furent martyriſez auec ledit S. Victor, & à meſme temps fuſt publié audit Marſeille vn Edict de Maximian, portant cõmandemẽt à vn chacun de ſacrifier aux Dieux, & de faire mourir tous ceux qui n'y voudroient entendre.

Quant aux Prophanes, Crimas grand medecin & mathematicien; Carmidas grand Physicien, Pithias Philosophe tres-docte, Cosmographe, Demostene medecin tres-expert, Telon Egiareus, Astrologue s'y renommé, & plusieurs autres tres sçauants personnages auant l'aduenement de Nostre Seigneur estoient marseillois. Apres lesquels furent Claudius marius Victorinus excellent Humaniste, Fulque qui ayant esté Moine à Cistaux fust Abbé du Toronet en Prouence & Esleu Euesque de Marseille en l'an 1204.

Les marseillois soustinrent le siege contre Berenguier troisiesme & dernier Roy de Catalogne, contre Charles Premier Comte de Prouence & Alfonse Roy d'Aragon, dont le grand siege fust l'an 1257. ce fust Charles Premier, qui ayant espousé Beatrix fille de Berenguier voulust en l'an 1245. oster aux marseillois les Ports de Thoulon & de Bouc, lesquels firent la paix auec luy l'an 1252, le 16. Nouembre, & apres ledit Roy Charles estant à Naples fist des grāds dons au monastere de S. Victor de marseille, dans lequel en ce temps là estoient plus de cent Religieux, & ce pour reparatiō des dommages qu'il y auoit causez lors qu'il s'y estoit campé en sa derniere guerre.

Pour ce qui est de garde, de la ville, il y a tousiours corps de garde aux portes d'icelle, en l'vne desquelles se voit la statuë de Libertas qui tua Cazalle qui vouloit assugetir cette ville aux Espagnols par cette porte; La nuict on faict deux fois le guet par la ville, & sur les murailles, estant commis le Capitaine du guet & le Viguier pour cét effect.

Ce que dit Iustin apres Trogus n'est pas esloigné de la verité, que les Phociens furent esmeus de la beauté du lieu où est à present bastie la ville de Marseille, dont le terroir produit en abondance, tout ce qui peut estre necessaire à l'homme, sa fertilité estant secondée par la douceur & serenité de l'air; toutes ses plaines sont enuironnées de colines, & couuertes de quantité d'arbres fruitiers qui y forment diuers ombrages, où l'on entend vn doux gazoüillis d'oiseaux, & principalement au Printemps; Ses fruits principaux sont toute sorte de Poires, sur tout celles que l'on appelle musquées, lesquelles sont meures long-temps auant la saison; L'on recueille deux fois l'an au solstice d'Esté & en l'equinoxe de l'Automne des figues qu'vn mesme arbre produit.

Ce qui rend d'autant plus agreable le terroir qui l'enuironne, sont les maisons champestres appellées bastides, assez diuertissantes & en tres-grand nombre, auoisinées de quantité de vignes où l'on seme du bled entre deux, & s'il ne laisse pas neantmoins d'y auoir parmy quelques arbres fruictiers, & mesme toute sorte de fleurs; Le gibier y est fort frequent, & toute sorte de chasse commune.

L'ancienne bonté des vins que ce terroir produit est fort cogneuë; Au temps d'Athenée entre les meilleurs vins, celuy de Marseille estoit grandement loüé, comme il est escrit en son Liure 1. chap. 24. Et Martial nous aprend que les Romains en faisoient estat.

Cum tua centenos expugnet sportula ciues
Tu me Massiliæ ponere vina putas.

Les vieilles mazures & quelques anciens bastiments qui sont hors la ville, sont tout autant de marques de son antiquité, & sur tout ces deux vieux Edifices en façon de Tours, qui se voient encore en leur entier d'vne profondeur effroyable, bastis de pierre quarrée, pleins d'eau iusques au haut & ne paroissent point par dessus la terre, d'où deriuent les tuyaux & conduits des

son

fontaines, ne se sçachant l'Autheur d'vne telle Structure.

Les grottes que l'on voit à vn lieu appellé S. Hierosme à vne lieuë de Marseille la confirment d'autant plus, où il y a vn Rocher soubs lequel on va plus de deux cents pas soubs terre, & où il se voit comme des places releuées les vnes plus que les autres, & mesme des niches à costé, auec quelques sources d'eau où l'on peut aller par mer.

A quatre mille de Marseille est le Chasteau Dif, basty dans vne Isle auoisinée de quelques autres toutes infertiles, appellées Rothonayre & Pomegue, dans lesquelles y a quelques Tours & Forteresses : Celle-cy estant la plus ancienne & extremement forte, & d'autant plus importante, qu'elle deffend puissammẽt l'aduenuë du Port de Marseille, elle est munie de quantité d'Artillerie, y ayant garnison entretenuë par la Prouince, & est commandée aussi-bien que les deux autres, par Monsieur de Piles.

Quant à la façon de laquelle la Comté de Prouence, & par consequent Marseille qui viuoit libre, a esté vnie à la Couronne de France, quelques Autheurs en parlent diuersement. Il est neantmoins asseuré que Ieane Reyne de Naples, & Comtesse de Prouence, laissa pour successeur en cette Comté Louis d'Anjou fils de Iean Roy de France, apres l'auoir adopté pour se venger de ses ennemis. Louis eust pour successeur son fils Louis II. lequel eust Louis III. adopté aussi par Ieanne. II. Reyne de Naples, pour estre Roy de Sicile & Duc de Calabre, & estant mort sans enfans, laissa du consentement de Ieanne II. ses Estats à René d'Anjou son frere.

En fin apres trois mois de seiour audit Marseille, les Galeres estants de retour du siege de Taragone, Monsieur le Baillif de Fourbin, eust ordre du Roy de faire preparer en grande diligẽce deux Galeres pour porter Monsieur le Marquis de Fontenay à Ligourne ou Ciuita Vecchia, lequel partist de cette ville pour Aix, où il fut splendidement traicté par Monsieur l'Archeuesque de ladite ville, le Comte d'Alais, & par le premier President, puis vint coucher le lendemain en cette ville, où les Consuls apres mille ciuilitez luy vinrent offrir les rafraischissements necessaires pour son embarquement, & en suitte les plus apparens de cette ville, ne manquerent de le visiter,

& luy venir dire Adieu, & sur le point de son depart quantitez de Gentils-hommes d'autour de cette ville, luy rendirent toute sorte d'honneurs & ciuilitez, & Monsieur le Comte d'Alais Gouuerneur de cette Prouince vinst aussi le visiter à Marseille où n'ayant seiourné que deux heures, il reprinst aussi-tost le chemin d'Aix.

Le septiesme Octobre apres auoir ouy Messe, Mondit sieur le Marquis de Fontenay fust conduit par Monsieur le Baillif de Fourbin, & plusieurs Gentils-hommes dans l'vne des Galeres destinées pour son passage appellée la Seruienne, commandée par Monsieur de Ianet. Cette Galere estoit fort belle & vaste, prise sur les Espagnols, où il fist diuers remerciements & offres au sieur de Gaspary, & apres l'auoir entretenu plus de trois heures dans la Galere, ledit sieur Gaspary luy dist Adieu, & reprist terre auec salut de quelques volées de canons, & son de Trompettes.

Dans l'autre Galere appellée la Fourbine, commandée par le sieur de la Vallette, Nepueu dudit Baillif de Fourbin estoient tous ceux qui suiuoient Mondit sieur l'Ambassadeur.

Vne heure apres lesdites Galeres ayãts abbatu leurs tentes, sortirent à la rame du Port de Marseille, & passants pardeuant le Chasteau Dif, le sieur de Pilles Gouuerneur d'iceluy, vinst derechef dire Adieu à Mondit sieur l'Ambassadeur, le faisant saluër de plusieurs volées de canons qui furent tirées dudit Chasteau, & de la poursuiuirent leur chemin tirant vers la Ciotat.

CASSIS.

A Dix mille dudit Chasteau est vn village nommé Cassis, situé à la grand terre sur le bord de la mer, dont la plusspart des habitans sont pescheurs, & sert de retraitte aux petites barques ou batteaux en temps de tourmente.

Il s'y voit vn Chasteau sur vne eminence à cinq cents pas dudit village, lequel a esté autresfois extremement fort, estant à present presque tout ruiné.

L'on arriua sur le soir à la Ciotat, où Mondit sieur le Marquis de Fontenay prist terre auec quelques vns de sa suitte, & fust salué des Consuls, lesquels apres luy auoir offert vn logement luy firent present de vins, Gibier, & quelques flambeaux.

LA CIOTAT.

CEtte ville est à vingt-cinq mille de Marseille, située au bas de quelques colines dans la terreferme, extremement fertiles en vins, dont la plus-part sont muscats tres-excellents, & bien que petite elle est assez peuplée, les habitans estants presque tous negotians, & extremement experts à la Nauigation, n'y ayant ville maritime dans cette Prouince, où il s'y trouue de meilleurs ouuriers pour la fabrique des Polacres & autres mediocres bastimens de mer que dans ce lieu-là.

Son Port est fort petit clos par vne muraille en forme de Digue, n'y ayant pour toute deffence qu'vne tour, au haut de laquelle est vne petite platte forme auec quelques canons.

BANDOR.

LE lendemain huictiéme Octobre l'on partist de ce Port à douze mille, duquel du mesme costé est le Chasteau de Bandoar, situé sur vn haut au dessoubs duquel est vn petit Port qui sert de retraitte aux barques & batteaux, & aux Vaisseaux mesmes en temps de bourrasque, où estans poursuiuis des Corsaires, Monsieur de Boyer est Seigneur.

LANARY.

A six mille de là est vn village nommé Lanary, situé au bord de la mer dans vne plaine tres fertile en toute sorte de fruicts, les habitans d'iceluy estants pescheurs pour la plus part.

L'on vinst coucher le mesme iour à Portocros, autrement dict l'Isle d'Or, appartenant à feu Monsieur le Cardinal Duc, à quarante six mille de la Ciotat.

PORTECROS.

CEtte Isle est assez fertile, abondante en gibier, mais inhabitée, il y a en icelle quatre forteresses, l'vne bastie sur le bord de la mer, la seconde sur le haut de la montagne qui commande l'Isle, l'autre située vn peu plus haut, fortifiée à la moderne, la derniere est tout au bout de ladite Isle, qui contient vne lieuë & demye, l'Espagnol n'y ayant iamais sceu mettre le pied, nonobstant qu'il y ayt formé diuers desseins, dont il a tousiours esté repoussé à son desauantage.

Monsieur le Marquis de Fontenay prenant terre, y fust salué de la premiere

Forteresse de plusieurs volées de canons, & les Officiers d'icelle le vindrent receuoir, & luy donnerent colla-ion en vn beau jardin digne d'admiration pour la quantité de Grenadiers, Citroniers & Orangers qui s'y rencontrent.

HYERES.

VIs à vis de ladite Isle du costé de terre ferme, est vn grand Bourg nommé Hyeres, situé sur le panchant d'vne petite montagne, fort abondant en toute sorte de fruicts, & principalement en Orangers.

PORQVEROLLES.

VN peu plus auant que ladite Isle, l'on trouue l'Isle de Porquerolles tout à faict sterile & deserte, dans laquelle est vne Forteresse pour la deffence d'icelle, auec vne garnison entretenuë, dont le Gouuernement appartient à Monsieur de Dornane.

BREGANSSON.

VIs à vis de ladite ville du costé de la grand terre, à quinze mille de là est la Forteresse de Bregansson, bastie sur le haut d'vn rocher presque tout entouré d'eau & inaccessible, au bas duquel est vn petit Port pour la retraitte des barques & batteaux seulement.

Cette place est extremement considerée pour sa fortification, estant commandée par le sieur de Source, iadis Capitaine au Regiment de la Tour, lequel en recompence des bonnes & genereuses actions, qu'il rendist à la reprise des Isles de Ste Marguerite, où il fust grandement blessé, a esté pourueu de ce Gouuernement, y ayant garnison de cinquante hommes entretenus par la Prouince, & bon nombre d'Artillerie.

S. TROPEZ.

LE lendemain l'on vinst coucher à S. Tropez à trente mille de là, où Monsieur le Marquis de Fontenay fust salué par la Citadelle de plusieurs volées de canon, & le Lieutenant d'icelle auec les Consuls le vindrent receuoir au bord de la mer, & luy offrirent la Maison de ville, où derechef ils furent le complimenter auec present de victuailles.

Cette ville est sur le bord de la mer, au bas de deux montagnes, & sur le haut de l'vne d'icelles est la Citadelle assez forte, fermée d'vn grand enclos faict depuis vn an outre ses murailles, commandée par le sieur de Beruille Gentil-homme de Monsieur le Comte d'Alais, y ayant garnison entretenuë de cent hommes par la Prouince.

Ladite ville a eu diuerses attaques de surprise par les Espagnols, & mesmes depuis trois ans sept Galeres d'Espagne y estants venuës au point du iour pour la surprendre; ayants esté descouuertes firent leurs descharges par trois diuers endroicts sans endommager de rien ladite ville, qui ayant aussi-tost aduerty la Citadelle, il ne leur fust tiré que cinq coups de canon, mais qui leur emporterent plus de cent hommes, auec vn grand debris des Galeres, & mesme le Nepueu de celuy qui les commandoit nommé Borgia, y fust tué aux pieds de son Oncle.

L'on voit audit S. Tropez la machoire d'vn monstre de mer qui a plus de trois aulnes de tour, qui a faict sur cette coste de grands rauages, s'attaquant mesme aux mariniers.

FREIVS.

A quinze mille dudit S. Tropez, est la ville de Freius, située dans vne plaine à demy lieuë du bord de la mer dans la terre ferme.

Cette ville est Episcopale & des plus anciennes de la Prouince, ainsi qu'il appert par les grãds Aqueducs & Arenes basties par les anciens Empereurs, dont la Structure est du tout admirable; elle est enclose de murailles, qui n'ont autre deffence que quelques dehors qu'on y a faict depuis peu composez de gazon, y ayant tousiours vn Regiment en garnison.

S. RAPHAEL.

A vn quart de lieuë de ladite ville est vn village nommé S. Raphaël, au bas duquel est vn plage, où les barques qui negotient audit Freius viẽnent charger & descharger leurs marchandises.

LA NAPOVLE.

A douze mille de là du costé de terre ferme est vn village nommé la Napoule, situé au bord de la mer & au pied d'vne montagne, au sommet de laquelle estoit jadis vn Chasteau extremement fort, dont on voit encor les ruines, ledit village estoit autres-fois bien puissant, n'ayant moyen de faire resistance aux frequentes courses des Corsaires de Barbarie qui venoient souuent le rauager, on a esté contrainct de le deshabiter.

Le iour suiuant on vinst de bonne heure aux Isles de Saincte Marguerite, & de S. Honorat à quatre mille de là, où la bonasse contraignist les Galeres à moüiller l'ancre, & où l'on demeura tout le iour ; D'abord que la Galere Capitane, sur laquelle estoit Monsieur le Marquis de Fontenay parust, il fust salué de douze volée de canon, & le Cheuallier de Guitaut accompagné de quelques Officiers de la garnison le vinst saluër en sa Galere, & le pria de prendre terre, ce qu'il ne fist, mais bien quelques Gentils-hommes, & apres le disner l'on fist serper l'ancre, & ledit sieur de Guitaut ayant pris congé de luy, le salua derechef de plusieurs volées de canon.

LES ISLES DE SAINCTE MARGVERITE ET DE S. Honorat.

CEs Isles sont separées par vn bras de mer appellé le Frioul, contenant enuiron vn quart de lieuë de largeur, & seruoit de Port aux Galeres d'Espagne du temps que les Espagnols en estoient les maistros, estant fort propre & leur pour les Galeres.

L'ISLE de Ste Marguerite paroist vne plaine contenant vne lieuë de circuit, les terres d'icelle estants grandement bonnes pour les semences, & ce qui les ayde d'autant plus c'est la grande quantité de corps morts qui y ont esté enterrez pẽdãt le siege d'icelle, dont vne infinité d'ossemens y forment vn vaste cimetiere.

Dans ladite Isle il y a trois Forts, l'vn appellé le Fort Royal qui est le principal, situé sur vn Rocher au bord de la mer, vis à vis d'vn lieu nommé Cãnes situé en terre ferme: ce Fort est composé de cinq Bastions, construict sur le bastimẽt dessigné par les Espagnols, tous lesquels bastions sont fort bien terrassez munis de canons, & entouré de bons fossez du costé de l'Isle, au milieu est vne belle place d'Armes enuironnée de quatre doubles rangs de huttes à chaux & sable, seruans de logement aux Officiers & Soldats de la garnison, & à l'vn des bouts de ladite place du costé du leuant, est le Chasteau où loge le Gouuerneur.

L'autre Fort appellé le Fort d'Aragon basty par les Espagnols, est situé au bout de ladite Isle sur le bord du Friqul du coſté du Ponant,dans lequel il y a auſſi garniſon.

Le troiſieſme eſt appellé Fortin, ſitué au bout de l'Iſle, ſur le bord de la mer du coſté du Leuant, & ce fuſt par là que l'on commença à deſcendre pour reprendre ladite Iſle occupée des Eſpagnols.

Entre le Fort d'Aragon & le Fort Royal,eſt vn Eſtang & vn Puys, au bord du Frioul.

De l'autre coſté du bout de l'Iſle regardant vers Cannes,il y a vne fontaine auec vn bon retranchement, & vne platte-forme pour la deffence d'icelle.

L'ISLE de S. HONORAT eſt de moindre eſtenduë que Ste Marguerite,& preſque toute infertile, il y a dans icelle vne belle Tour toute baſtie de grande pierre de taille, en ſorte que le canon ne la ſçauroit ruiner, laquelle contient vn Monaſtere de Religieux de l'Ordre de S. Benoiſt,auec vne Egliſe fort ancienne, où l'on voit quantité de belles Reliques, la diuerſité des logements & chambres, qui sõt dans ladite Tour,en font admirer la cõſtruction,puis que l'on y pourroit loger aſſez au large, trois ou quatre cents hommes. Cette Abbaye eſt poſſedée par Monſieur le Prince de Conty, valant tres mil liures de rente, ſans quelques droicts Seigneuriaux, & dont Cannes, Valaury, & Mougins, lieux ſituez en terre ferme dependent. Au bas & dans l'enclos de ladite Tour eſt vn fort beau puys, dont l'eau eſt extremement bonne, & nonobſtant que dans icelle, y habitent dix ou douze Religieux dudit Ordre, il y a touſiours garniſon de Soldats.

CANNES.

VIs à vis deſdites Iſles eſt vn lieu nommé Cannes, grand Bourg dependant de l'Abbaye de S. Honorat, ſitué ſur le bord de la mer, au haut duquel eſt le Chaſteau qui le joint, n'ayant pour tout port qu'vne plage.

LA CROISETTE.

A vn quart de lieuë dudit lieu ſur le bord de la mer tirant vers Antibe, eſt vne forteresſe appellée la Croiſette, laquelle bien que petite eſt neantmoins fort conſiderée, ayant touſiours incommodé les Eſpagnols, pendant qu'ils occupoient les Iſles de Ste Marguerite, & reſiſté puiſſamment à leur canon qui luy donnoit des frequentes atteintes. Cette Forteresſe eſt commandée par Monſieur de Bois d'Amour Major du Regiment de la Marine; le terroir qui l'a joint regardant les Isles de saincte Marguerite forme vn grand demy cercle, dans lequel est vn bon fonds de mer, assez couuert de montagnes voisines appellé le Gourgean, qui sert de port aux armées Nauales voyageans dans la coste de Prouence, estant tout à faict vtile aux grands Nauires.

ANTIBE.

A dix mille de là est Antibe derniere ville de la coste de Prouence du costé d'Italie, elle est située au bord de la mer, à l'entrée du Port il y a vn Fort à quatre Bastions qui le deffend, situé sur vn haut de difficile accez. Dans ladite ville est vne Citadelle commandée par le sieur de la Barben; Quant audit Port, il n'est pas propre pour les Vaisseaux, attendu le peu de profondeur qu'il contient.

NISSE.

A La sortie de Prouence est Nisse à dix mille d'Antibe, ville appartenante au Duc de Sauoye, possedée à present par le Cardinal de Sauoye, elle est située au bord de la mer n'ayant aucun Port, mais elle est seulement bordée d'vne plage sabloneuse, où les petites barques & batteaux viennent aborder, & est appuyée au derriere sur les Alpes : l'on y voit vn fort bon Chasteau situé au haut d'vne montagne qui commande la ville, il y a Eueschè, c'est vne Comté, & en l'année 998. fut 1. Comté de Sauoye Barthold, & il y eust 15. Comtez, & apres le premier Duc Amadio en l'an 1398.

VILLE FRANCHE.

A dix mille de là est Ville-Franche, Bourg appartenant aussi au Duc de Sauoye, muny d'vne forte Citadelle & d'vn asses bon port pour les Galeres, lequel estoit appellé anciennement l'Abord d'Hercule ou le Port, quoy que quelques Historiens Italiens disent que c'est le port de Monaco qui doit auoir ce nom, & que mesme il y a esté reueré.

MORGVES.

A six mille de là est Morgues ou Monaco, c'est vne principauté entre Nice & Gesnes de tres difficile accés, au pied de laquelle est vn fort bon port, qui seruoit de retraitte aux Galeres d'Espagne quand elles venoient voyager en la coste de Prouence, & par ainsi fauorisoit auantageusement leurs entreprises dás nos mers : cette Principauté est composée d'vne ville, prés de laquelle est le Chasteau basty sur vn rocher escarpé à perte de veuë battu par les flots de la mer, lequel veritablemẽt commande au port à la ville, & mesme à tout le païs, la ville n'a point de communication auec ce Fort Chasteau que par vne petite languette de terre de sept ou huict pieds de large. La ville est de tres difficille accés estant enuironnée de marais, comme aussi nul Vaisseau n'est admis en sont Port qui ne soit à discretion du Chasteau, dans lequel on ne peut entrer de ce costé là que par vne Poterne, apres cela chacun peut iuger aisément quelle est la consequence de cette place; car outre qu'elle estant nostre frontiere, elle donne seuretté de ce costé là à toute la Prouence par mer & par terre, asseure le commerce, & tient en bride tous les ports & villes voisines. Le Prince est de l'ancienne maison de Grimaldy fort renommée en Italie.

MENTON.

L'On trouue à huict mille de là Menton village appartenant au Prince de Morgues, la situation duquel est sur vne eminence, où est vne petite Forteresse, l'on y voit vn beau Verger plein d'Orangers & Oliuiers qui y sont en grand nombre, ledit village contient les greniers à Sel du Prince, & en fournit tout le Piemond & Sauoye, ayant eu prise il y a quelque temps auec les Genois pour ce sujet.

VINTIMIGLIA.

Vintimille est la premiere ville des Genois situé sur vn penchant, n'y ayant pour tout port qu'vne plage, l'abord de laquelle est deffendu par vne bonne Forteresse ioignant la ville, & c'est vn Euesché.

BORDIGHERA.

A vn mille de là est la Bourdiguiere, Bourg appartenant aussi aux Genois.

S. REME

A trois mille dudit la Bourdiguiere en cotoyant la riuiere de Gennes, l'on troune S. Reme ville bien peuplée, assés belle & sans forteresse, elle est assise sur le bord de la mer, & le terroir de son voisinage est couuert de grande quãtité d'Orangers, Citroniers & Palmiers, qui fournissent plus abondamment qu'aucun autre lieu des fruits en France.

LERMA.

De là l'on passe deuant Lerma village de peu de consequence.

Sto STEPHANO.

A quatre mille de là est sainct Stephano village.

S. LAVRENS.

Et vn peu plus bas est vn autre village nommé S. Laurens.

PORTO MAVRITIO.

L'On trouue le Port Mauritio bon Bourg bien habité, situé sur vn petit coutau bordé de mer, dans lequel est vne Forteresse, il y auoit autresfois vn fort bon port, que la crainte du preiudice qu'il pouuoit porter à celuy de Gennes a faict combler. L'on y voit vn beau Conuent de Cordeliers entouré de quantité de Grenadiers & Oliuiers.

ONEILLE.

ONeille ville appartenante au Duc de Sauoye est à dix mille de là, fort gentille, assise dans la plaine qu'vne extremement belle valée, & riche en Oliuiers joinct, de laquelle ils ont tousiours tiré leur subsistance. Ladite ville a souuentesfois esté prise & reprise durant ces dernieres guerres de Sauoye, ses murailles ayant esté depuis peu rebasties, & il n'y a aucune Forteresse.

DIANO.

A trois mille de là est Dian petite ville bastie sur vn haut, à vne lieuë loing de la mer, où son Bourg seulement est situé, dont le terroir qui la joint est fort abondant en huiles.

ARAISSE.

La ville d'Araisse est extremement marchande dependant du Diocese d'Albengue, & c'est de là que sortent les pescheurs du Corail.

ALBENGVE.

Albengue petite ville est à six ou sept mille dudit Araisse, elle est fort ancienne, sa situation est en plaine où l'on voit force Tours qui font paroistre sa grande ancienneté, c'estoit autres-fois vne ville fort belliqueuse, & l'on obligeoit tous les

Capitaines de Vaisseaux de faire bastir vne Tour ; il y a en icelle Euesché.

BORGHETO ET SERIAC.

PArdelà Albengue sont deux petits Bourgs appellez Bourguette & Seriac, lesquels depuis deux ans ont esté rauagez par les Galeres de Barbarie qui ont pris tous les habitans d'iceluy & faits esclaues, que la Republique de Gennes a du depuis racheptez, leur situation est en plaine mer.

LVAN.

L'On trouue Luan petite ville appartenant au Prince Doria fort gentille, & enceinte de bonnes murailles & située en la plaine, l'õ y voit vn fort beau Palais & quelques maisons de plaisance, estant le lieu de delice du Prince, & il y a ordinairement garnison & quantité de beaux Conuents.

LA PRIA.

NOn loing dudit Luan est vn petit Bourg nommé la Pria abondant en plusieurs & diuers fruits.

BORGY.

L'on voit vn village nommé Borgy dependant de la Seigneurie de Gennes.

FINAL.

Final fort bonne ville située à la plaine a vn quart de lieuë de la mer, c'est vn Marquisat acquis par le Roy d'Espagne, ainsi nommé pour la subtilité de l'air, il y a vne fort bonne Forteresse, & son Bourg est au bord de la mer, qui forme vn petit port où les Espagnols ont accoustumé de faire desbarquer les gents de guerre qu'ils enuoyent dans le Piemond, ce qui rend cette place d'autant plus considerable ayant esté autresfois aux Genois.

NOLI.

A huict ou neuf mille dudit Final est Noli ville située en plain, où il y quantité de Tours anciennement faictes par ceux qui auoient le commandement des Vaisseaux; c'est vn Euesché & du domaine des Genois, laquelle se maintient neantmoins encore en espece de Republique, & depend en quelque chose de la Religion de Malthe.

VADI

L'On trouue Vai à cinq mille de là, qui est vne Forteresse appartenant aux Genois, au pied de laquelle est vn bon port qui sert au debarquement de l'infanterie que le Roy d'Espagne enuoye à Milan, & de retraitte à ses armées Naualles quant elles ont desseing sur nos mers.

LEZO.

Vn peu plus bas est vn Village nommé Lezo.

SAVONE.

SAuone ville la plus ancienne, plus grande & la meilleure du Geneuoisat apres Gênes, à trois mille de Vai, située en plaine tres-marchande, ayant esté autresfois Republique & soubs la puissance des François. Il y auoit vn fort bon Port que les Genois ont comblé, il y a vne bonne Forteresse & garnison dans icelle, ses habitans sont fort courtois, & respirent tousiours à la liberté ancienne; c'est vn bon Euesché, & en sont sortis trois Papes, sçauoir Gregoire VII. Iule II. & Sixte IIII. pres de ladite ville l'Apennin commence à se hausser, & fendre l'Italie par le milieu.

Dudit Sauone à Genes il y a trente-cinq mille où l'on trouue les villages qui s'ensuiuent.

ARBIZOLA Bourg.

VARAGIO, Bourg.

ARASSAN, Bourg.

VTRY, fort bon Bourg & habité.

SESTRY, village.

S PIETRO DIARENIA.

S. PIERRE D'ARENE Bourg extremement agreable remply de fort belles maisons de plaisance, où les Genois se viennent souuent diuertir auec leurs chaloupes, distant à trois ou quatre mille de Genes.

La violence des vents & la bourrasque qui s'estoit leuée en ces endroicts s'oposans tout a faict à la continuation du passage des Galeres & à leur abord à Genes, en sorte que les Genois en tenoient la perte asseurée, songeants déja aux moyēs de les secourir les contraignist à passer outre, si bien qu'aucun ne peut voir la ville que les sieurs Comte de Bury, Dorat, de Fieux & quelques autres Gentilshommes, lesquels estants descendus en Vai, estoient chargez de la part de Mondit sieur le Marquis de Fontenay de voir le Consul des François, & luy porter quelques lettres qui les regala fort bien. Ie ne l'airay neantmoins de faire vn petit recit

recit en passant dudit Genes.

GENES.

LA ville de Genes est située au bas de grandes montagnes & au bord de la mer, sur lesquelles y a quantité de Forts qui deffendent puissamment la ville, entre lesquels est vn Fort appellé Gauy, qui a esté autres-fois pris par Monsieur de Leydiguieres, auquel gist la conseruation de Genes.

Cette ville a esté iadis merueilleusement puissante, soubs l'obeïssance de plusieurs Roys de France, l'espace de plus de cent ans, à commencer par Charlemagne, & Pepin son fils Roy d'Italie, & auoit pris pour son Protecteur Charles IX.

Le grand nombre des tres-magnifiques Palais qui la joignent, & principalement le long du riuage, l'embellissent si aduantageusement, qu'à iuste raison la nomme-on Genoa la superba

C'est vn Euesché, & la ville est grandement peuplée.

Son Port est assez grand mais mal asseuré, la bonté de la Darse suppleant au deffaut.

A l'encontre dudit Port est vn fanal au

deſſus d'vne Tour eſtroitte mais aſſez haute en forme d'vne Colõne, ſeruant de guide aux Vaiſſeaux qui ſe trouuants ſur les bords pendant quelque Bourraſque nocturne, y pourroient faire retraicte ou du moins eſuiter le terrein, auquel inſenſiblement la tourmente & violence des vents les pourroit ietter dans l'obſcurité de la nuict.

L'on y voit quatre Ponts de pierre propres pour les debarquements, entre leſquels eſt celuy des Marchands joignant la Doane.

Entre les Egliſes de cette ville, celle de S. Ambroiſe qui eſt aux Ieſuites eſt la plus belle, les tres-excellentes Peintures & la quantité de belles Colonnes dont elle eſt ornée, la faiſant admirer auſſi-biẽ que ſept Domes qu'elle contient, ſçauoir vn à chacun des quatre coings d'icelle, & trois au mitan, & ſon paué qui eſt tout de marbre.

L'Egliſe de S. Laurens ſeruie par des Iacobins n'eſt guiere moins belle, contenant vne fort riche Chapelle où ſont ſoixante-ſept Lampes d'argent.

De Genes à Ligourne il y a deux cents mille, qui contiennent les lieux cy-apres nommez.

CAMOVILLE, bon Bourg.

RECCO, Bourg.

RAPAILLE, Ville dont le Golfe porte le nom.

PORTEFIN, Bourg où il y a vn bon Port, & vne Forteresse auec vne bonne Garnison.

CHAVERY.

SESTRE de Leuant, qui est vne peninsule.

LEVANTO, bon village.

MONEGLIA.

CINQVETERRE; cinq petits villages qui s'entretiennent, l'estenduë desquels ne contient pas plus d'vne demie lieuë.

PORTE--VENERE.

PORTE-VENERE, bon Port joignant le Golfe de Lespetia, deffendu par quantité de Forteresses, dans lequel plus de soixante Vaisseaux pourroient ancrer aisement à couuert de toutes iniures & bourrasques du temps.

LERIZI, bon Bourg où il y a vne bonne Fortereſſe.

SARZANA, aſſez bonne ville, & la derniere du Domaine des Genois.

LA-VENZA, bon Bourg appartenant au Prince de Maſſe.

MASSA Ville & Bourg où reſide le Prince eſtant vn Eſtat Souuetain, & à vne lieuë d'icelle eſt vn petit Bourg Carrara d'où l'on tire quantité de marbre, & où meſmes l'on a deſcouuert vne veine de terre tres-fine qui ſert au Peintures.

PIETRE SANTE, Ville appartenant au Duc de Florence, ſituée en plain & en fort agreable terroir.

VIAREGIO, petit Bourg appartenant aux Lucquois, dont le Port ne conſiſte qu'à vne petite riuiere qui le joint.

LIVOURNE.

LE ſezieſme Octobre Mondit ſieur l'Ambaſſadeur arriua à Ligourne ſur les dix heures du matin, les Galeres eſtās aperçeuës à deux mille de là, il fuſt ſalué de quantité de coups de canon, tant de la

Citadelle que de la ville, & à mesme-temps le sieur de l'Vzarche son Maistre de Chambre qui estoit venu de Rome luy vinst au deuant, comme aussi le Consul des François suiuy de plusieurs de la nation, & le grand Auditeur & autres Officiers du grand Duc embarquez dans quatre Chalouppes fort bien parées, secondement le Salut de cette Artillerie par vne infinité de compliments, d'honneur & de ciuilité qu'ils luy rendirent en sa reception, luy faisants excuse, sur l'absence de la famille de son Altesse, à qui la soudaine arriuée n'auoit peu donner le temps de le venir receuoir, & le supplierent auec instance d'accepter le Palais pour son logement.

Cependant nos Galeres s'estants aduancées ayants arboré les Estendarts, bordé les pauerades, & faict cesser la vogue, auec vne fanfare de Trompettes suiuie de coups de canon, rendirent le salut qu'ils auoient receu de la ville, & se rengeants dans le grand Port où elles moüillerent l'Ancre, les Galeres du grand Duc qui estoient dans la Darse, ne manquerent point de les saluër au son des Trompettes & bruit de canonades, aussi-bien que les Vaisseaux & Barques qui se rencontrerent dans ledit Port.

A son desbarquement de nos Galeres qui luy rendirent le salut accoustumé, mist pied à terre où ayant troué de carrosses prests pour le mener au Palais, entra par la porte Cornelle, dont les aduenuës estoiēt bordées de trois compagnies d'Infanterie, qui luy firent vne salue de Mousquetades, comme aussi la Soldatesque rengée en haye au tour de la grand place.

Arriuant au Palais du grand Duc fut salué de toute l'Artillerie de la Citadelle, & tout aussi-tost deux compagnies furent mises en garde à la porte dudit Palais, leur ayant tousiours donné l'ordre pendant son séjour, & s'estant passé quelque temps en visites, que plusieurs personnes de condition & des principaux de la ville luy rendirent, il fust à la Messe à S. Louis accompagné de quelques Seigneurs auec lesquels il s'entretinst, soit en allant, soit au retoür, en attendant le disner, pendant lequel on entendist plusieurs & diuerses fanfares de trois Trompettes; à l'issuë d'iceluy fust faict exercice de tous les gens de guerre au deuant dudit Palais, & sur l'heure du soir fust faict quantité de feux de ioye, & tiré quãtité de Boites.

Le lendemain le Marquis de Copoly grand Maistre de la Garderobbe de son Altesse, estant arriué auec toute la famille du grand Duc & grand nombre de carrosses, vinst complimenter Mondit sieur l'Ambassadeur de la part de son Altesse, & vn peu apres le nouueau Gouuerneur accompagné de quantité de Noblesse arriua, & l'ayant visité il disna auec luy, & sur le soir estant monté en Carrosse auec Mondit sieur l'Ambassadeur & deux autres Seigneurs, employerent la soirée en promenades par toute la ville.

Le vendredy Monsieur l'Ambassadeur fust voir ledit Gouuerneur au retour de la Messe, lequel luy ayant rendu sa visite, apres le disner furent voir ensemble les trauaux de la nouuelle Citadelle & quelques dehors de la ville.

Ligourne est vne ville assez forte située en plaine & au bord de la mer, ses fossez du costé de terre remplis d'eau, munis de remparts deffendus par six Bastions.

La Citadelle neufue est reuestuë de trois ou quatre Bastions irreguliers du costé de la ville, n'ayant autre fortification pour les dehors que celle de la ville qui luy sert de deffence.

La vieille Citadelle est tout contre la mer, mais de peu de deffence.

L'on voit sur les murailles qui joignent le grand Port, quantité de testes de Turcs clouées par rangées au haut d'icelles, lesquels on fist mourir pour auoir voulu enleuer vne des Galeres du grand Duc, où ils estoient Esclaues, & prendre la fuite en Barbarie.

Le molle où les Vaisseaux moüillent l'Ancre est tres dangereux, estant protegé par quelques petites Tours & fanaulx, qui seruent de guide aux Vaisseaux ou Barques desuoyées & surchargées par l'impetuosité des vents, à ce qu'elles puissent esuiter les abords de terre.

La Darse où se tiennent les Galeres est enfermée de murailles, & on y continuë des beaux trauaux déja commencez, pour la deffence & commodité d'icelle, estant ornée d'vne tres belle Statuë de fonte du Duc Ferdinand, qui tient soubs ses pieds quatre Turcs enchaisnes, dont la Structure est du tout merueilleuse.

L'on trouue à costé de l'entrée de ladite ville, vn grand bastiment en façon d'vn vaste Magasin garny de bonnes grilles de fer, que l'on nomme Bagne où les Galeriens au retour du voyage des Galeres, sont enfermez & nourris à la taxe Galerienne, d'où ils ne sortent que pour quelque necessité ou trauail desdites Galeres, ou bien pour quelque petit commerce en leur particulier, & en ce cas ils sont suiuis par des Gardes.

Il y a plusieurs Arcenaux garnis de cordages, ancres, pois, & autres necessitez des Nauires & Galeres, & mesmes plusieurs grands Fours où l'on faict les Biscuits, le tout soubs la direction de quatre Officiers qui en ont le soing.

Le Palais du grand Duc est fort considerable pour sa beauté, & pour la grande commodité que l'on y trouue pour la reception & logement des Princes ou Ambassadeurs, seruant ordinairement d'habitation au Gouuerneur de la ville, sa situation est sur vne place au mitan de la ville, entourée de maisons ornées de diuerses Peintures, dans laquelle aboutissent trois grandes ruës pauées de fort belles pierres de taille.

Les trauaux ja commencez d'vne nouuelle Citadelle tout contre la mer, tesmoignants vne fortification tres reguliere, la font esperer plus forte que les autres deux.

Quant aux Eglises celle des Obseruantins est la plus remarquable en sa construction.

Cette ville est tousiours munie d'vne forte Garnison, & est exempte d'imposts & subsides, seruant d'azile aux Marchãds de toute sorte de nation, que le profit du cõmerce & autres interests particuliers, ont attiré plustost que cét air, dont les effets sont si nuisibles en tout temps, qu'ils rendent ladite ville presque depeuplée.

La plus-part d'icelle appartiennent au grand Duc, dont il reçoit les reuenus.

Le Samedy Mondit sieur l'Ambassadeur ayant ouy la Messe & disné fort splendidement, partist de Ligourne tirant droict à Pize, accompagné du Marquis de Copoly & de toute la famille du grand Duc, apres auoir complimenté des plus apparents de la ville, qui le conduisirent en teste d'vne Compagnie d'Infanterie, au son des Trompettes & bruit des Tambours, iusques aux portes d'icelle.

Dudit Ligourne à Pize est vn fort beau Canal que le grand Duc d'auiourd'huy a faict faire, lequel prend son embouchure du fleuue d'Arne, & le reste des Estangs & marescages qui l'auoisinent, ledit Canal contient quinze mille de longueur, mais fort estroict, & sert de passage depuis Ligourne iusques audit Pize, où l'on va sur des batteaux couuers, appellez Nauichellis, son Esclusе ayant plus de 250. pas de couuerture.

Tout au tour d'iceluy sont des Estangs & marescages ordinairement couuerts d'vne infinité d'Oyes sauuages, Canards, Vaneaux, & autres Oyseaux de riuiere, où le grand Duc va chasser, il est bordé du costé de la mer des Forests qui seruent de retraitte à quantité de bestes fauues.

A huict ou neuf mille dudit Ligourne, l'on passe par vne tres-ancienne Abbaye nommée San Pietro in Gradea, qui est vne des premieres Eglises qu'aye faict bastir S. Pierre, habitée à present par quelques Religieux.

PIZE.

Monsieur l'Ambassadeur arriuant à Pize sur les quatre heures du soir, fust salué hors les portes par plusieurs Cheualliers de l'Ordre de Sainct Estienne, qui l'accompagnerent iusques au Palais qu'on luy auoit preparé, & à mesme-temps furent tirez quantité de

Canons & Boites, & fust traitté tres-magnifiquement, & seruy par tous les Officiers de la famille du grand Duc qui ne l'abandonnerent point iusqu'à Florence.

La ville de Pize est grande, Noble, & fort ancienne, non fortifiée n'ayant que de simples murailles, fort deserte, & plus longue que large, sa situation est plaine ; les ruës sont grandes, & les maisons bien basties, la riuiere d'Arne passe au beau mitan d'icelle, laquelle est trauersée par trois diuers Ponts.

Parmy les Eglises qu'elle contient, la plus remarquable est celle qu'on appelle le Dome de Pize, de cinq cents quarante cinq pas de circuit, appuyé sur septante six Colonnes de differentes couleurs de marbre, ayant pour ainsi dire cinq Nefs; toute l'Eglise est soustenuë par des pilliers, & entourée de belles galleries & grands enrichissements, elle est fermée par trois grandes portes de fonte remplies de belles figures, que l'on tient auoir esté apportées de Ierusalem, & seruy au Temple de Salomon.

Les Fons Baptismaux où l'Eglise de S. Iean non loing de là, sont entourez d'vn fort beau Bassin de marbre, soustenu par quelques figures de cuiure ; ce baſtiment eſt vn Dome fort delicatement conſtruict & enrichy de marbre & autres belles pierres ; l'on y voit vne Chaize pour preſcher appuyée ſur des pilliers, de Iaſpre, de Marbre , & de Porphire, auec des figures de Lyons au deſſoubs, le tout tres artiſtement trauaillé.

Le Campo Sancto, où le Cimetiere, eſt tres-magnifique, enfermé par deux Galeries de plus de cent cinquante pas de long, à l'vne deſquelles eſt depeinte l'Hiſtoire du vieux Teſtament parfaictement bien repreſentée, & aux autres la vie des Martyrs, le tout fort bien paué, & à la façon d'vn Cloiſtre, l'on y voit vne eſpece de Terre ſaincte, apportée ſelon le rapport de l'Hiſtoire, & des plus anciens de ladite ville, de Ieruſalem. A coſté de la porte dudit Cimetiere à main gauche, ſont deux Tables anciennes Romaines, & diuers Tombeaux de pluſieurs perſonnages, tant Iuriſconſultes, Hiſtoriens, que Medecins, & au dehors eſt la ſepulture de la Comteſſe Maltide.

Au bas d'iceluy eſt vne Chappelle nommée S. Ieroſme, baſtie par vn Archeueſque fort bien entretenuë, & où ſe faict ſouuent le Seruice pour les Treſpaſſez, y ayant vne bonne fondation pour cét effet.

Ce qui est de plus remarquable & digne d'admiration, c'est le Clocher où la Tour appellée Royalle d'vne grande hauteur, entourée de galeries rondes, & panche d'vn costé, en façon que d'abord tous ceux qui la regardent en apprehendent la cheute, sa construction est de marbre couuerte de plusieurs enrichissements, ornée tout au haut d'vn petit Dome, reuestu de pierre de marbre de diuerses couleurs, y ayãt aussi autour dudit Clocher vn trauail commencé d'vne balustrade de marbre blanc à hauteur d'homme.

L'Eglise des Cheualliers de l'Ordre de S. Estienne est digne d'estre veuë, située sur vne place tres-magnifique, ayant esté instituée par le Duc Cosme premier grand Maistre de cét Ordre, au deuant de laquelle sont plusieurs Statuës de marbre, & entre autres celle dudit Duc Cosme de Medicis extremement bien-faicte & en son entier, erigée en memoire d'vne bataille de Marciano que ledit Duc auoit gaigné le iour de S. Estienne Pape Martyr, auquel il institua ledit Ordre agreable.

Il y a vn agreable jardin de simples joignant vne tres-magnifique Galerie, où l'on peut considerer tous les prodiges de la Nature, & tous les jeux qu'elle peut practiquer auec les élemens qui s'y voyent manifestement, dont les miracles y donnent de l'admiration; & si les monstrés sont de production contre les loix ordinaires de la generation odieuses à la raison, cette Gallerie n'en est pas moins remplie que l'Affrique, elle est toutesfois vtile pour la medecine, & contient plusieurs & diuers jets d'eau, & vn lieu du tout admirable pour les Peintures seruant à distiler des eaux, comme aussi vne tres riche Bibliotehque.

L'Vniuersité rend cette ville grandement renommée, establie soubs le Pape Pie 4. & 5.

La Citadelle mal fortifiée est reuestuë neantmoins de petits Bastions munis de diuerses pieces de Canon, & d'vne Garnison de trente hommes seulement.

Il s'y voit vn Arcenal où l'on fabriquoit anciennement cōme l'on faict encore à present les Galeres, & ne laisse-on d'y trauailler, attendu que la quantité de bois, chanures, & autres matieres necessaires pour l'équipage des Galeres dont ce païs abonde, à raison dequoy les habitans estendirent grandement autrefois leur reputation & leur estat.

Cette ville a esté iadis si puissante Republique en mer, qu'au rapport des Historiens elle a peu entretenir deux cents Galeres armées.

C'est vn Eueſché, mais non de grand reuenu, dont les Chanoineries sont tres-bonnes & iouyssent de grands priuileges, bien qu'il y en ayt de deux sortes.

Elle iouyt d'vn air tres-grossier, mal sain, & dangereux, principalement aux estrangers, l'impureté d'iceluy selon la commune opinion, ne prouenant que de ce que le païs n'est pas habité.

Ses issuës sont tres-belles parées de diuerses allées d'arbres qui seruent de promenade & de cours à ses habitans, & son terroir est tres fertile.

Au dehors de ladite ville est vn tres-bel Aqueduc.

Quant à son antiquité Dionisius Halicarnaceus la celebre aduantageusement, aussi-bien que sa Noblesse, au liure 1.

Piza vetus victi spoliis orientis onusta
Inuidia arma vi liuida telatrucis
Sic nocuit vicisse aliis sic vicimus
ergo, &c.

Le lendemain sur les huict heures du

matin, Monsieur l'Ambassadeur ayant entendu Messe à l'Eglise Cathedrale, où il y auoit trois rauissās chœurs de Musique, monta en Carrosse accompagné du Marquis de Copoly, du Comte de Bury & l'Abbé de la Malmaison, & prist sa route pour aller disner à S. Roman, estāt salué au sortir de la ville de quantité de coups de Canon.

En chemin faisant vers ledit S. Roman l'on passe par Cassinna Bourg, & par le Pont d'Era.

S. ROMAN.

SAinct Roman est vn Conuent d'Obseruantins basty sur vn haut, au bas duquel passe la riuiere d'Arne seruant de retraitte ordinaire pour la disnée aux voyages & parties de chasse du grand Duc.

Mondit sieur l'Ambassadeur y fust receu à son arriuée à la porte, par tous les Religieux dudit Conuent.

EMPOLY.

DElà on vinst passer à Empoly, c'est vne petite ville assez iolie au dehors de laquelle est vn fort beau Conuent,

L'AMBROSIANA.

L'On fust coucher le mesme iour à l'Ambrosiane, Maison de plaisance du grand Duc, enuironnée d'vn tres-beau païs de chasse, & peuplée de quantité de Daims, toutes sortes de diuertissements qu'on sçauroit souhaitter qui se trouuent en cette Maison, & ses tres-beaux & diuers departements extremement commodes, la rendent tout à faict delicieuse.

MONTELOVP.

LE lendemain Mondit sieur l'Ambassadeur apres le disner en partist, & passa par Monteloup Chasteau assez joly où il y a vn beau Bourg.

MARMANTIBLE.

EN suitte l'on trouue Marmantible vieux Chasteau.

LA LASTRE.

A vn mille delà sur le mesme chemin est la Lastre assez bon Bourg.

FLEVRANCE.

LE 21. Octobre sur les 5. heures & demy apres midy, Mõsieur le Marquis de Fontenay arriua à Fleurance;le grand Duc voulust prendre en tous lieux & rencontres de grands soings, pour tesmoigner son affection au Roy, en la personne de Mondit sieur l'Ambassadeur,ayant recherché tous les moyens possibles pour l'honnorer dans son estat : c'est pourquoy ie ne sçaurois passer soubs silence, les magnificences de sa reception qui fust telle.

Mondit sieur de Fontenay aprochant de cette ville, fust rencontré à demie lieuë d'icelle par six Carrosses chacun à six cheuaux remplis de personnes de consideration, qui le complimenterent & luy firent compagnie iusques aux Faulx-Bourgs, où se trouuerent bien cent Carrosses en haye & plusieurs Gentilshommes fort lestes & bien montez, ils joignirent à la porte de la ville le Prince Leopol frere du grand Duc, lequel accompagné de grand nombre de Seigneurs Florentins, vinst receuoir Mondit sieur l'Ambassadeur, & apres plusieurs compliments rendus de part, & d'autre, le fist monter dans vn Carrosse de parade où estoit ce Prince ; & plusieurs personnes de sa suitte entrerent aussi dans des autres Carrosses, qui leur auoient esté amenez à cette fin, tout ce cortege ne faisant guiere moins de cent cinquante Carrosses, & lors que les Boites tiroient, & que les Tambours se faisoient entendre de toutes parts entrans dans la ville, il fust salué de plus de soixāte coups de Canon, vis à vis de la grande porte du Palais Ducal, six Trompettes à cheual, & trois Tambours qui l'attendoient, commencerent leurs fanfares & leur colintampon, & les Suisses du grād Duc se mirent tous en haye, au milieu de laquelle Mondit sieur l'Ambassadeur arriuant, le signal donné la Forteresse tira d'en haut quelques coups de Canon, ausquels coups respondirēt plus de cent coups de Boites du jardin du grand Duc, lequel se trouuant au pas de la porte de son Palais accompagné de Messieurs de Guyse, du sieur de Gondy Secretaire d'Estat, & des plus apparents de sa Cour, receust Mōdit sieur l'Ambassadeur auec vn visage tres serain, & qui tesmoignoit vn grand contentement, qui fust en toutes choses continué de toute l'assistance par vn chœur de Musique de voix & de diuers instrumens, qui dura iusques à ce que le grand Duc l'eust conduit à son appartement, qui luy auoit esté preparé tout à faict magnifique, tenant tousiours la main sur Mondit sieur l'Ambassadeur, quelque temps apres les Trompettes se firent derechef ouyr à l'entrée du souper tres splendide & delicieux, auquel se trouua toute la galenterie de cette Cour, dont le seruice fust faict seulement par les Gentils-hommes, Pages, Officiers, & Estafiers couuerts d'habits neufs, & auec vne espece d'allegresse qui marquoit ensemble leur reuerance & affection, & apres le souper on donna le departement pour toute la suitte.

Le lendemain Mondit sieur l'Ambassadeur fust visiter le grand Duc qui l'auoit déja enuoyé visiter, & qui le vinst receuoir iusques au milieu de la grande sale : il alla en suite saluër la grand Duchesse, qui le receust au milieu de sa chãbre, où cette Princesse & ses Dames, rehaussoient encore l'éclat de leur beauté, par les superbes & diuers ornements dõt elles estoient parées,

Il fust delà visiter Monsieur le Cardinal de Medicis, lequel luy rendist le lendemain vne visite d'vne heure & demye, & en suite Mondit sieur l'Ambassadeur visita le Prince Leopol, Madame la Duchesse, & Messieurs de Guyse, lesquels l'estoient venus visiter à son arriuée, comme aussi le sieur de Gondy Secretaire d'Estat, auquel il rendist aussi grande visite; Il en fist autant au Cardinal Capponi nouuellemēt arriué à Fleurance, lequel toutesfois qui auoit enuoyé deux Carrosses au deuant de Mondit sieur l'Ambassadeur, le Prince Dom Laurens Oncle du Grand Duc qui estoit malade hors de Fleurance, & lequel luy auoit enuoyé faire des excuses de ce qu'il ne le pouuoit visiter: Le Nonce de sa Sainctеté arriuant à Fleurance vinst voir Mondit sieur l'Ambassadeur lequel le visita en suite. Et pour la seconde fois le grand Duc qui luy fist vn superbe disner, auquel ne se trouuerent auec eux deux que la grande Duchesse, le Cardinal de Medicis & le Prince Leopol.

L'aprés disner apres quelques entretiens, il mena Mondit sieur l'Ambassadeur au cours, & luy fist voir ce qui estoit de plus remarquable en ladite ville, il luy donna la Comedie, & le 26. Octobre le grand Duc donna le Bal aux Dames, en sa faueur, pendant lequel son Altesse la grande Duchesse, le Prince Leopol, & Mondit sieur l'Ambassadeur estoient assis soubs vn Daiz pour voir les Danses, qui ſe terminerent par vn Balet de huict Pages, apres quoy il luy fiſt voir toutes les raretes & richeſſes de ſon vieux Palais, amaſſées par la curioſité de ſes deuanciers.

La Cour de ce Prince eſt en quelque façon differente des autres en ce qu'il n'y a aucuns Conſeillers d'Eſtat, & en toutes les deliberations & Arreſts donnez pour affaires d'Eſtat ou Politiques, & meſmes concernants le particulier, il n'eſt faict mention que du ſeul vouloir du Prince, & non du Conſeil, & il y a vne certaine impoſition appellées Sportola, que ceux qui plaident ſont obligez de payer.

Ses reuenus excedent 16. cents mille eſcus, & ſa garde ordinaire conſiſte en Caualerie Infanterie, & Suiſſes fort bien équipez & entretenus.

Il n'y a contrée en Italie mieux pourueuë de bonnes, agreables, & peuplées villes que celles du grãd Duc de Fleurãce, les deuanciers duquel ayants vnys ſes Eſtats de trois Republiques enſemble, ſçauoir, Fleurance, Pize, & Sienne, poſſede à preſent la Prouince de Toſcano, qui eſt la plus grande & plus noble partie d'Italie.

Fleurance est la ville Capitale de son Estat, fort grande, belle & opulente, située en plain, & enuironnée de Montagnes couuertes de diuerses maisons chãpestres; Elle est diuisée en deux par la riuiere d'Arne, sur laquelle sont quatre beaux Ponts de pierre, l'vn desquels tirant vers le Dome, est orné aux deux bouts de quelques belles figures de marbre, y ayant aussi vne separation pour le passage des gens de pied & de cheual.

Cette ville bien quelle ne soit guieres fortifiée, est enceinte de fort bonnes murailles.

Il y a cinq portes pourueuës chacune d'vne fontaine qui iette abondamment des eaux claires & nettes, pour l'embellissement & vtilité du public.

Elle contient trois Citadeles, l'vne située derriere le Palais où loge à present le grand Duc qui n'est pas du tout reguliere, nommée Bel veder, & les autres deux appellées San Minato, & San Giouanni, qui ne sont guieres fortes.

Les ruës sont fort belles, larges, bien pauées, & droictes, y ayant vn Officier particulier pour leur entretien.

Elle est remplie de tres-beaux & magnifiques Edifices diuersifiez, autant par les par les matieres diuerses dont ils sont composez, que par vne agreable forme de construction qui n'est pas commune.

La principale place de Fleurance fort vaste & belle, contient plusieurs antiquitez & raretez, & entre autres la Statuë du grand Duc Cosme, & vne fort belle fontaine.

L'on y voit vn ancien Temple de Mars appellé pour le present S. Iean, & c'est le Baptiste, où est le Sepulchre de Balthazar Cossa Pape qui en fust chassé & depossedé par le Concile de Constance, & au bas dudit Tombeau est escrit, *Balthazar Cossa olim Ioannes vigesimus tertius.*

Il y a vne tres-belle place en rond deuant Sancta Maria Nouella, qui est vne Eglise fort considerable, dont la porte est embellie d'vne fassade tout à fact magnifique.

Il s'y voit aussi vne autre grande place où se font les ieux du Carée & plusieurs autres assemblées & diuertissemens de la Noblesse.

L'Eglise Metropolitaine appellée S. Marc des Fleurs, est du tout admirable en sa construction, soit par sa grandeur & hauteur, que par son paué qui est tout de marbre figuré, & ce qui la rend d'autant plus ſuperbe eſt ſon Dome, dont la hauteur ſurpaſſe de beaucoup celle de ladite Egliſe, & eſt toute baſtie de marbre blãc & noir.

Il y a en ladite Egliſe cinquante Chanoines tous d'égale fondation, & n'y reçoit-on que des Gentils-hommes de la ville & eſt auſſi ſeruie par cent Preſtres qui ſont comme chantres qui diſent la Meſſe & par des enfants de chœur.

L'Egliſe de S. François appellée Saincte Croix, aſſez belle & ancienne, contient la magnifique Sepulture de Michel Ange, celle de Leonard Aretin, & de diuers grands perſonnages.

L'on ne ſçauroit conſiderer ſans admiration & rauiſſement extraordinaire la Chapelle de ſainct Laurens, laquelle bien qu'imparfaicte promet vne infinité de merueilles, par les commencements de ſes trauaux; Sa conſtruction eſt tout en rond, de Marbre, & enrichie par dedans de diuerſes figures de Iaſpre, de Marbre, & autres pierres precieuſes : la continuation de ce baſtiment eſt pourſuiuie par deux cents ouuriers depuis trente ans par ordre des grands Ducs qui y font trauailler ſucceſſiuemẽt. Le deſſeing de cette Chappelle n'eſtant que pour ſeruir de

Sepulture à tous les grands Ducs, lesquelles seront posées dans les niches & soubs les pieds des figures de Bronze, faictes à la ressemblance d'vn chacun d'iceux, estants bordées de deux colonnes plattes, qui porteront les Armes d'vne des villes de cette Duché faictes de pierres precieuses, en façon de platte peinture, comme il se voit dés-à present.

L'on remarque en vne petite place deuant la Trinité, vne Colonne que l'on tient de Porphyre, de plus de huict thoises de hauteur & de l'espaisseur d'vn tonneau, où il y a vne Iustice de fonte parfaictement belle, auec quelque inscription au bas.

L'Eglise de S. Laurens bien que mediocrement spacieuse & fort gentiment bastie, & s'y voyent grand nombre de belles figures, des Statuës de Marbre fort estimées, & la plus part faictes de la main de Michel Ange; comme aussi les tombeaux de tous ceux & celles de la Maison du grand Duc, qui sont à costé d'vne Chappelle; Il y a en ladite Eglise vingt-cinq Chanoines aduantageusemēt rentez.

La tres-precieuse Relique de la robbe de S. François toute entiere, qui se trouue en l'Eglise des Cordeliers deschaussez, enfermée depuis peu, en façon que l'on ne la voit qu'à trauers d'vne grille, dont le Marquis de Copoly a les clefs, rend cette Eglise fort considerable, y attirant vne grande deuotion du peuple.

L'Eglise des Iacobins appellée Sainct Marc, possede le corps de S. Antonin Archeuesque de Florence, & vne tres-belle Bibliotheque commencée par Clement VII. Pape. Il s'y list aussi l'Epitaphe de ce grand personnage Iean Picus de la Mirandole, qui est au bas de son Tombeau.

Ioannes Iacet hic mirandula, cætera Norunt: & tagus, & Ganges Forsan, & Antipodes.

Aux Carmes deschaussez gist le corps tout entier de S. André de Cossin, lequel on voit, & cause vne cõtinuelle deuotion.

Au deuant de la Parroisse du grand Duc appellée *Sancta felicita*, est vne Colonne de Marbre au dessus de laquelle est posée la figure de S. Pierre Martyr, estant là le lieu où il receust le coup de cousteau au sortir de sa Maison, ainsi qu'il est porté par son Histoire.

Il y a vne grande deuotion en l'Eglise de l'Annonciade, autrement appellée *Sancto Spirito*, seruie par des Iacobins, où l'on voit en vne Chappelle particuliere, l'Image de la Vierge, & celle de l'Ange faicte par S. Luc, & miraculeusement acheuée par les Anges, estant ornée de grand nombre de vœux & riches presents, que la quantité de ses miracles ont attiré.

L'on remarque au Fisque les soings particuliers que l'on a, soit des armes, soit de diuers instruments seruants à l'vtilité du public, où l'on voit la longueur des espees, poignards & cotte de maille; & mesme la longueur des aulnes des Marchands, mesures, & poids de liures.

Il n'y a gueres d'endroicts dans ladite ville où l'on ne trouue de fontaines, & quantité de figures, parmy lesquelles celle d'vn Centaure fort bien faicte, est la plus remarquable.

Le Manege & les escuries du grand Duc, sont à voir pour la diuersité de beaux cheuaux, Chameaux, & Dromadaires qui y sont.

Le Palais appellé Pithiquez tant inegal aux forces d'vn Gentils-homme nommé Luc de la maison de Pithi, qui fist faire toute la partie de deuant, fut vendu par iceluy au grand Duc, pour s'estre trouué appauury par cette excessiue dépence, sert d'habitation à present au grand Duc

A l'entrée d'iceluy l'on voit vne grotte extremement grande, où sont plusieurs Statuës & figures, composées de toute sorte de pierres rapportées, au dessus de laquelle paroist vn Bassin receuant l'eau que sept figures iettent auec grand murmure.

Ie serois trop long à deduire toutes les particularitez de ce superbe bastiment, dont l'Architecture qui n'est pas ordinaire, ne cede à aucun d'Italie, voire mesme surpasse ceux de plusieurs Roys de l'Europe en sa grandeur, où nonobstant le departement occupé par Mõsieur l'Ambassadeur & son train, le grand Duc, la grande Duchesse, le Cardinal de Medicis, les Princes Dom Matthia & Leopol, Dom Iean Carlo, & vn deputé du Vice-Roy de Naples, y auoient chacun son appartement assez au large; & en deux beaux jardins qui le joignent, l'vn desquels contient cinquante cinq arpens d'enclos, muny de fontaines, Statuës, & autres choses curieuses & delicieuses, & principalement de toute sorte de fleurs, que l'Art a choisi de toutes ses beautez imaginables, & que la Nature a fauorisé de tout ce qui est necessaire à l'Art.

Dudit Palais de Pitkj l'on va par vn corridor d'vne prodigieuse lõgueur au vieux Palais, où est la Galerie du grand Duc, tres curieuse à voir pour la quantité de belles & anciennes Statuës, & des excellentes Peintures dont elle est parée, ledit vieux Palais est admirable aux grandes Sales qu'il contient, pleines de Peintures, dont l'vne sert aux Comedies, & l'autre aux assemblées des Princes & grands Seigneurs que le grand Duc traicte.

Parmy les diuers appartements de ce grand logement, est vne tres-longue Galerie, où il s'y voit tout au long des Statuës de Marbre, au dessoubs desquelles sont en petits Portraits tous les grands Ducs de Toscane, & les plus vaillans, sçauants, & Illustres hommes du monde.

A main droitte de cette Galerie sont de petits Cabinets remplis de raretez, & la mer ne nous apporte aucune curiosité des dernieres parties de la terre, qui n'y s'y voye, & les yeux, & le iugement se perdent en la consideration de tant de merueilles; dans l'vn d'iceux est vne Table &

vn Cabinet de grandissime prix, dont il valeur reuient à deux cents mil escus; la table est enuiron de six pieds & demy de long & de trois ou quatre de large soustenue par huict piliers d'argent doré le fonds est de calcedoine tout esmaillé de fleurs, reuestie d'Agathe, Lapis, Emeraudes, & autres diuerses pieces orientales, le Cabinet est de Gé enrichy de plusieurs lames d'or au dedans duquel on voit la Passion de nostre Seigneur en Ambre estant aussi embellie de sept portes qui sont autant de ieux d'Orgues.

Au second Cabinet ou lon entre qui est entouré de fort belles Statues tant grandes que petites de toute sorte de metaux est vn autre Cabinet extremement enrichy de perles & au dedans d'iceluy sont plus de deux mil medailles d'or, lon y voit aussi la teste d'vn Empereur taillee sur vne turquoise d'vne prodigieuse grosseur.

Quant aux tableaux qui s'y rencontrent celuy de saincte Catherine faict de la main de Raphaël est sur tout rauissant le grand Duc en ayant refusé plus de six mil escus.

Le seruice de table qui s'y trouue dont la matiere est de pierre orientale fort estimee & admirable pour sa facon n'est pas moings considerable aussi bien qu'vne perle quel'on y voit de la grosseur d'vne noizette.

Dans la mesme gallerie à main droitte en entrant sont trois Chambres les vnes dans les autres remplies d'armes, & de tres riches vestements pour toute sorte de Nations & particulierement six habits a l'Indienne & vne pierre d'Aimã qui soustient enuiron soixante liures de fer.

De l'autre costé de ladite gallerie il y a quantité de chambres seruants de demeure à toute sorte d'excellents Ouuriers.

L'Apotiquairerie y est assés bien placee & ordonnee garnie de choses rares ioignant vn ioly Iardinet d'Orangers & Citroniers & en fort belle veue.

Dans ce mesme Palais il se voit douze grands garderobes toutes pleines d'Argenterie de toute sorte de façons, & vn seruice tout d'or massif.

L'Image du grand Duc Ferdinand est sur vne table d'Agate tout en pierres precieuses dont le quadre qui est d'enuiron vn poulce de large est tout d'or massif & embely de perles & diamants tant plein que vuide.

Vne selle de Cheual couuerte d'vne broderie extraordinaire & garnie de quãtité de lames d'or où ſont autant de deuiſes & vn ornement confus de perles & pierres precieuſes enuoyée par l'Empereur vn peu auant ſa mort au grand Duc luy ayant eſté donnée par le grand Seigneur paroit grandement parmy ces enrichiſſements.

Le tarbernacle deſtiné pour le Dome de ſainct Laurens eſtimé plus de vingt cinq mil eſcus n'eſtant point encore en ſa perfection n'eſt pas moings rauiſſant.

Bref la Statue du feu Roy Louis XIII. qui y eſt a Cheual toute d'or Maſſif; laquelle par ſon artifice & ſa beauté releue grandement la ſplendeur de toutes ces richeſſes.

La magnificence des Baſtimens & ſuperbes Palais contenues dans ledit Fleurance eſt continuee au voiſinage & tout autour de ladite Ville eſt vn grand nombre de Palais, & lieux de plaiſance qui rendent le pays fort agreable.

PRATOLIN.

PArmy les plus conſiderables eſt Pratolin belle Maiſon de Plaiſance appartenant au grand Duc à trois mille de Fleurance ſur le chemin de laquelle eſt vne Maiſon ancienne appellee Fizeole ou il n'y a que des ruines lesquelles neātmoings tesmoignent la sumptuosité de ce lieu.

Pratolin est vn diuertissant Edifice situé entre des Montagnes, basty à la moderne contenant de beaux appartements enrichis de Status, & Peintures des meilleurs maistres de toute l'Italie.

Vn grandissime Parc qui la ioint, plusieurs Fontaines & Canaulx en diuers endroits d'icelle, vne tres belle pescherie, & vne assez diuertissante Voliere qui si rencontrent, la rendent d'autant plus delicieuse aussi bien qu'vne merueilleuse cascade de beaux Bassins & au dessus vn Berceau d'eau où aisement vn Carosse va sans estre mouillé.

Cette maison est auoisinée d'vne belle prerie & ornée de soixante Statues de Marbre fort antiques enuoyees de Rome au grand Duc par le Pape Paul Cinquiesme; l'on y voit aussi Vne Chappelle assez iolie au tour de laquelle sont diuerses Statues & Fontaines & plusieurs allees y aboutissent en perspectiue.

LE CASTEL.

A Vne lieue dudit Fleurance est vne maison de plaisance appellee le

Castel que la diuersité des Iets d'eau & grand nombre de Statues qui y sont la rendent autant diuertissante quelle est recreatiue en sa situation qui est au bas d'vne Colline ou quantité de Gibier font leur retraite ayant autrefois seruy d'habitation à la defuncte Reine mere Marie de Medicis.

POGIO.

NOn loing de là est le Poge Imperial ou Pogio, Imperiale, Maison parfaictement belle, bastie par la mere du grand Duc sœur de l'Empereur laquelle fist couper vne grande montagne soit pour la commodité des logements soit pour l'egalité des appartements & pour former vne allee en droitte ligne en l'auenue d'icelle grandement plaisante pour la varieté des eaux & arbres dont elle est bordee qui sert de Cours dans la saison de l'esté aux Florentins.

PETRAIA.

AVtour de ce Voisinage sont diuerses autres maisons de plaisance comme Petraia, Castello Baroncely; & Carege; la premiere appartenant au grand Duc contient d'excellentes peintures faictes de diuers maiſtres, la ſeconde eſt embelie de diuers Orangers & Cipres, la troiſieſme bien qu'imparfaicte eſt tres magnifique, & appartient à l'Archiducheſſe, & la derniere eſt au Cardinal de Medicis, autant admirable par l'excellence des Statues qui s'y rencontrent que par la beauté de ſa conſtruction.

Le 19. Octobre Monſieur l'Ambaſſadeur apres auoir viſité ſur les deux heures apres midy le Prince du Laurens qui eſtoit pour lors indiſposé en vne maiſon de plaiſance à deux lieues de Florance, & pris congé pour la ſeconde fois du grand Duc qui luy fiſt preſent d'vne tanture de Tapiſſerie & d'vn grand Tapy le tout de brocatel d'or auec trois boites pleines de toutes ſortes d'eſſences de ſenteur & auſſi de diuerſes huilles pour les infirmités humaines party de ladite ville, ou apres diuers compliments fuſt conduict par ſon Alteſſe iuſques dans ſon Carroſſe accompagné du Prince Leopol frere du grand Duc lequel monta auec Mondit ſieur l'Ambaſſadeur dans le Carroſſe de Parade que le grand Duc luy auoit faict preparer ſuiuy de cinquante autres Carroſſes où eſtoient les plus apparents de la Ville qui ne ſe quitterent point iuſques à plus de cents pas hors des portes d'icelle. A mesme temps que le Prince Leopol & Mondit sieur l'Ambassadeur furent en Carrosse l'on entendist sonner par diuerses fanfares les trompettes du grand Duc fort lestes, & bien montés lesquelles continuants & marchands à la teste de toute la suite de Mondit sieur l'Ambassadeur qui estoit en nombre de plus de cinquãte tous à cheual ne cesserẽt qu'auec vn redoublement extraordinaire tout aussi tost que ce Cortege fust hors des portes, où Monsieur l'Ambassadeur & le Prince Leopol se complimenterent assez long temps enuironnés des plus apparents de la Cour du grand Duc qui auoient aussi & mis pied à terre pour ce subiet apres quoy Mondit sieur l'Ambassadeur estant monté en vn autre Carrosse du grand Duc auec le Marquis de Copoly prist la route de Saincte Cachane sur le chemin duquel à la sortie de Florance l'on trouue vn petit Village nommé Barberin d'où la maison des Barberins prend son Origine.

Cassino

BARBERIN St CACHANE.

MOnsieur de Fontenay estant arriué à sancte Cachane de nuict descendist en vne Iolie maison que Monsieur le Marquis de Copoly luy auoit faict preparer à l'entrée de laquelle estoient six pages du Grand Duc auec des flambeaux allumés pour les esclairer.

Saincte Cachane est vn bon Bourg à huict mille de Florance bien peuplé & marchand.

Le lendemain matin il depescha pour asseurance touchant quelques affaires le sieur de Montreuil & aprés auoir ouy Messe aux Iacobins il partist aussi tost ponr Poggiboncy grand Bourg sur le chemin duquel l'on trouue vn petit Village nommé Vernelle.

VERNELLE.

Estant arriué audit Poggiboncy il trouua vn sumptueux disner dans vne belle maison que l'on luy auoit preparé par ordre de Mondit sieur le Marquis de Copoly.

POGGIBONCY.

CE Bourg est situé sur le penchant d'vne montagne, au bas de laquelle passe vne petite Riuiere laissant à main droitte la Ville de Colle qui est vn Euesché, l'on y voit vn Chasteau & vne bonne forteresse sur vn haut dans laquelle y a tousiours garnison.

Vn peu au de là dudit Bourg est la diuision de l'estat de Florance & de Sienne iceluy estant affecté pour la separation de ceux qui conduisent de la part du grand Duc les Ambassadeurs à Sienne aussi bien que depuis le commancement de l'estat dudit Sienne iusques en ce lieu, aussi Monsieur le Marquis de Copoly quitta là Mondit sieur l'Ambassadeur qui auoit tousiours esté suiuy depuis Ligourne des Pages, Gentil-hommes Officiers, & Estafiers du grand Duc, leur adieu fust prolongé par vne infinité de complimens & de ciuilités qu'ils se rendirent l'vn à l'autre apres lesquels Mondit sieur le Marquis de Copoly luy laissa vne belle littiere & vne Hacquenee attendu la difficulté des chemins, & Mondit sieur l'Ambassadeur continua la route vers Sienne où il enuoia deuant luy le sieur de Valoger, où l'on rencontre à huict mille de Sienne, vn Bourg nommé ASTAGE.

SIENNE.

LE trentiesme Mondit sieur l'Ambassadeur vint coucher à Sienne deux Gentils-hômes auec deux Carrosses enuoyés de la part du Gouuerneur de la Ville luy estants venus au deuant à plus d'vne lieue d'icelle.

Le Prince Matthias suiuy de quantité de Carrosses où estoit force Noblesse le vinst receuoir à plus d'vn quart de lieue de là & estant monté en son Carrosse prist la main sur luy, deux compagnies d'Infanterie rangees en Haye bordoient l'entree de ladite Ville aussi bien que quantité de flambeaux attendu que l'on y arriua de nuict cependant les Canons de la Citadelle & diuerses boëtes qui furent tirees le saluerent en suite dequoy diuerses fanfares de Trompetes, & battements de Tambours se faisoient ouyr: & fust conduict en cette façon tout seul auec le Prince Matthias iusques au Palais dudit Prince l'entree duquel estoit enuironnee de quantité de Noblesse pour le receuoir, & estant dans l'appartement que l'on luy auoit preparé, où ledit Prince ne voulust iamais prendre la main sur luy l'on le laissa reposer & vne heure apres Mondit sieur l'Ambassadeur fust visiter ce Prince en son appartement & prist aussi congé de luy d'autant qu'il desiroit partir du matin.

La ville de Sienne est vn Duché, & Archeuesché de picolominy grand reuenu possedé par le sieur de picdőny soubz lequel sont trois Eueschés, elle est esleuë sur vn haut, construicte sur vne recourbure à cause dudos de ce mont, estroitte, & penchante de ce costé rapporte quasi trois Cornes reuestue de simples murailles.

L'air y est temperé, & salubre n'y ayant autre incommodité que celle des vents qui y sont impetueux & frequents.

Les poëtes l'appellent les delices d'Italie, & ses habitans sont doux, courtois & ciuils enuers les Estrangers, affectionnés à la Religion, & tres deuots à l'endroit de la glorieuse Vierge Marie & aussi Il se voit au chartel de ville il y a vn Cachet où est escrit, *salue Virgo senam veterum, quæ cernis amœnam* Et il n'y a lieu en toute l'Italie où l'on parle mieux & sont extremement differents d'humeurs auec les Florantins.

Ladite Ville est plus longue que large ses ruës fort bien pauees, de brique & spacieuses contenant plusieurs beaux Palais & superbes Edifices construicts la plus part à la moderne.

L'on y voit la maison de saincte Catherine de Sienne qui est à present vne Chapelle bastie à costé d'vne ruë tirant vers les fontaines.

L'Hospital de Sta Maria della scala tout à faict bien situé & basty est asses remarquable & grandement commode pour les Malades aussi bien que pour les Pelerins & Voyageurs ausquels est permis d'y seiourner trois iours apres lequel temps on leur donne vn pain & quelque piece d'argent, ledit Hospital est seruy par dix personnes soubs la direction de vingt Prestres qui en sont Gouuerneurs, & outre ce quatre des Messieurs de la Ville nommés pour la visite de deux en deux mois dudit Hospital y ordonnent les choses necessaires y ayant douze cents personnes à nourrir iournellement sans les seruiteurs & domestiques.

Il y a vn autre Hospital dans ladite Ville où l'on ne reçoit point les Pelerins mais seulement les filles, & petits enfans qui y estants entrés n'en sortent point qu'en l'aage de douze ou quinze ans & sont gouuernés par des femmes n'estant permis aux hommes d'y entrer.

L'on y voit l'Eglise de S. Dominique où sont quantité de belles reliques & principalement le chef de saincte Catherine de Sienne qui faict souuent de grands miracles.

L'Eglise principale appellée le Dome est vn des plus beaux & magnifiques bastiments que l'on puisse voir, basty de marbre blanc, & noir, dont le paué sur lequel sont grauées à rauir des Histoires & entre autres le Sacrifice d'Abraham & l'Histoire des Maccabées est digne d'admiration pour la conseruation duquel vne grande Nathe luy sert de couuerture n'y ayant qu'vn certain temps de l'année affecté pour le laisser descouuert.

Au tour du cœur de ladite Eglise sont de fort belles peintures qui representent la vie de tous les Saincts qu'il y a eu à Sienne.

La Nef d'icelle bastie de marbre blanc & est enuironnee des figures en bosse des Papes & Empereurs où sont au dessus leurs Eloges & aussi i' si voit quantité de belles Statues tant de marbre que de Bronze artistement trauaillees.

Cette Eglise est seruie par trente six Chanoines fort bien rentés qui ont soubz eux dix huict Prestres, deux Diacres, deux Soubzdiacres, & six enfans de Chœur, & contient deux Autels où qui que ce soit ne peut celebrer la Messe que les Chanoines, l'on y voit aussi grand nombre de reliques & ſur tout le bras de ſainct Iean Baptiſte tres richement enchaſſé.

La grande place de ladite Ville faicte en Coquille eſt magnifique & occupee de diuers marchands qui l'auoiſinent.

A coſte de la maiſon de Ville eſt vne Pyramide de Iaſpre au deſſus de laquelle ſont les figures de Remus & Romulus tettans la louue parfaictement bien faictes.

De l'autre coſté l'on voit vne Chapelle qui aduance en ladite place ornee de quelques figures de marbre dans laquelle l'on a accouſtumé de faire preſter le ſerment à quelques officiers de Ville.

L'on y voit auſſi pluſieurs belles galeries appartenants à gents de condition remplis de diuerſes figures en Cire & où ſont quantité d'animaux viuants appriuoiſés.

Il y a vne belle maiſon dans laquelle quatre fois la ſepmaine on tient academie où chacun tour à tour faict des propoſitions ſoit en Vers ſoit en Proſe & les bons eſprits s'exercent à combattre ce que quelqu'vn aura eſcrit ou dit.

La Citadelle eſt de peu de conſequence eſtant compoſée de quelques petits baſtions & foſſés,

L'ancienneté de cette Ville est marquee par plusieurs tours qui y sont en diuers endroits parmy lesquelles celle de Maggiano qui est d'vne prodigieuse hauteur & de merueilleuse Structure par dessus les autres tesmoigne sa liberté passée.

Le trente vniesme Mondit sieur l'Ambassadeur partist de ceste ville apres auoir ouy Messe, & le Prince Matthias l'estant allé accompagner iusques à vn quart de lieuë de là auec grand Cortege Mondit sieur l'Ambassadeur luy dist derechef adieu & apres plusieurs complimens ce Prince luy laissa de ses Gentils-hommes, & Pages pour le suiure & le seruir & en cette façon l'on prist le chemin du Bonconuent sur lequel on trouue Monterone petit Bourg où est la poste.

MONTERONE.

BONCONVENT.

a 5 m. de Sienne

IL fust disner à Bonconuent bon Bourg reuestu de murailles & d'vn petit fossé situé en plain & fust descendre en la maison d'vn particulier où les Gentil-hommes du Prince Matthias qui l'accompagnoient auoient faict preparer vn grand disner.

Les habitans de ce Bourg sont extremement addonnés à la marchandise, & l'on y voit deux iolys monasteres.

Ie n'obmettray point de dire que l'Empereur Henry septiesme de la maison de Luxambourg fust empoisonné en ce lieu.

TOVRRIVERY.

L'On vinst passer à Tourriuery ou Torniery petit Bourg à mille de là où il y a vn beau pont basty de l'ordre particulier de la grande Duchesse à costé duquel est la maison de plaisance d'vn Seigneur de Sienne remplie de medailles antiques & figures de bronze & embelie d'vne galerie où se voyent toute sorte d'armes.

De l'autre costé l'on voit vn hermitage asses gentiment basty & situé.

A main droitte dudit Bourg on laisse sur le haut d'vne montagne la Ville de Nontelchio qui est vn Eueschê ou il croit le meilleure vin du pays, Monsieur le Mareschal de S. Luc a eu le gouuernement d'icelle, & en parle fort dans ses commentaires.

A vn mille de l'autre costé est vn Abbaye de l'ordre de S. Bernard qu'on nomme du mont Oliuet, remplie de quantité de beaux Iardinages & munie d'vne belle Librairie.

S. CHIERICO.

L'On fust coucher à S. Cherico tres bon Bourg à Nonuille de Sienne situé sur vn haut, & extremement bien en-muraillé, il s'y voit vn Conuent de Sainct François de la fondation d'vn Pape ledit Bourg contient en vn cartier vers les murailles vne tou trres ancienne, & quatre au mitan de laquelle est la figure de Pallas auec cette inscription N. E. D. R.

Sola nec inuidiae Inter, nec militiae ensem.
Nec mare nec ventos Barbariemque timet.

Cette tour est enuironnee de quantité de ruines des maisons du temps des Romains parmy lesquelles l'on voit encore le quatre d'vne sale où aupres d'vne fenestre est vn Taureau de marbre qui donne de ses cornes contre vn tront d'arbre auec cette Inscription au bas P. R. & plus bas : *Irasci in Cornua discit.*

Tout proche l'vne des portes de ce Bourg est vne petite Chappelle de la fondation d'vn nommé Diomedes Leonidus l'vn des premiers fondateurs de l'ordre des dre des Cheualiers de S. Estienne qui y est enterré ainsi qu'ils paroit par son Epitaphe, l'on fust contrainct de s'arrester tou le iour audit Bourg à cause de la feste de la Toussainčts, outre que les continuelles pluyes qui formoiẽt vn torrẽt furieux depuis ledit Bourg iusques à Radicoffany en faisoient aprehender le passage tres dangereux en ce temps là comme aussi la difficulté des chemins des montagnes qui sont tres rudes à passer.

RADICOFFANY.

LE premier de Nouembre Mondit sieur l'Ambassadeur arriua à Radicoffany petit Bourg mais fort à douze grands mille de S. Chierico, situé au bas d'vne montagne sur le haut de laquelle est vne bõne forteresse laquelle de la nature mesme est inexpugnable puis que les debors qui ne sont pierre du Roc la rendent inaccessible outre les murailles & quelques petites tours dont elle est reuestue & tousiours garnison de trois cents hõmes tant ceste forteresse est frontiere.

Aussi tost que Mondit sieur l'Ambassadeur fust aperceu de ceux de la forteresse il fust salué d'abord de 8. coups de canons & d'vne descharge de mousquecades passant vis à vis de ladite forteresse & arriuant audit Bourg elle redoubla le Salut & de trente coups de canons auec fanfares de trompettes & bruits de Tambours.

A main gauche de ladite montagne est situé vn ioly Conuent de Capucins assez plaisant.

Il fust loger à la poste fort bonne maison où la famille du Prince Dom Matthias auoit fait preparer proprement toutes choses.

Le lendemain Mondit sieur l'Ambassadeur partant pour Pontechentino la famille dudit Prince qui l'auoit tousiours accompagné ayant pris congé de luy se retira.

PONTECHENTINO.

Pontechentino ou Pontecenteno c'est vn petit Lieu ou il n'y a que trois ou quatre maisons à trois mille de Radicoffany où finissent l'estat du Pape & celuy du grand Duc qu'vne riuiere separe quoy que le Pape pretende que son estat ne se doibue terminer qu'aupres de Radicoffany.

AQVAPENDENTE.

LE mesme iour l'on vint coucher à Aquapendente à mile de là; à l'arriuee de Mondit sieur l'Ambassadeur deux cōpagnies d'Infanterie de ceste garnison rangees en haye à l'entree de la porte d'icelle le saluerent par deux fois de diuers salues de mousquetades, & estant descēdu en vne maison d'vn des premiers du lieu, le Gouuerneur suiuy de plusieurs personnes de condition le vinst saluer luy presentant vne lettre de Monsieur le Cardinal Anthisme & quelque temps apres le Cheualier de Force se trouuant en vne maison de plaisance proche de là vinst voir Mondit sieur l'Ambassadeur cependant ledit Gouuerneur luy fist vn present qui fust suiuy de ceux de la Ville consistās en trois grands Bassins pleins de fruicts & de plusieurs Bouteilles de tres-excellent vin.

Cette Ville est sur le haut d'vne montagne dont les maisons sont bien bastie & les habitans iouissent d'vne grande liberté & est entourée d'vne belle campagne où le gibier est en grande abondance

Il y a trois Eglises dont la plus polie est

celle du petit Conuent de S. François.

Le lendemain matin Mondit sieur l'Ambassadeur fust visité du Gouuerneur & apres auoir ouy la Messe il monta tout aussi tost en Littiere ledit Gouuerneur suiuy de vingt autres personnes de conditiõ à cheual en teste desquels marchoient deux trompettes qui sonnoient sans cesse le conduisant iusques hors de son Gouuernement.

BOLSENA.

Apres auoir quitté le terroir d'Aquapendente & proche Montefiascone, l'on trouue Bolsena petit Bourg non esloigné de là, mais enclos de murailles basty sur les ruines de cette renommée Ville Vulsiniensium que l'on tenoit au rang des plus belles & grãdes Villes d'Italie, l'ancieneté de ce Bourg paroissant encore par quelques escritures grauees sur des pierres de Marbre qui s'y voient.

Il est auoisiné d'vn Lac qui a plus de trente mille de tour au bord duquel l'on passe pour aller à Montefiascone & qui contient dans le mitan deux Isles appellé Ste Marguerite & l'autre Marthe celle de Ste Marguerite est grandement fertile dans laquelle est vn Conuent de Capuins où l'on enterre tous ceux de la maison de Farneze, & en l'autre qui est tout à faict deserte Il n'y a qu'vn hermite & quelque maisonnette de pescheur.

MONTEFIASCONE.

L'On vint disner le mesme iour à Montefiascone & auant qu'arriuer on passa vn petit bois où les anciens sacrifioiét à la Deesse Iunõ Mõsieur l'Ambassadeur ne voulut pas entrer dans ceste ville ce qu'ayant apris les Capitaines tant de Caualleric que d'Infanterie qui s'y trouuerent le vindrent saluer & complimenter.

La ville de Montefiascone est fort ancienne située sur le haut d'vne montagne close de bonnes murailles & c'est vne Eueſché son teritoire est fort beau & fertille il porte vn tres delicat vin Muscat & vn qui est aussi vn peu plus grossier qui tient vn peu de celuy de France.

Sur les deux heures apres midy Mondit sieur l'Ambassadeur en partist pour aller coucher à Viterbe à deux lieues de laquelle deux Carrosses où estoient deux Prelats luy vinrent au deuant parmy lesquels estoit l'Escuyer du Cardinal Anthoine qui luy ayant presenté quelques lettres de la part de son Maistre le pria d'aller coucher à Bagnaia maison de plaisance dudit Cardinal en suitte dequoy Mondit sieur l'Ambassadeur passant pardeuant Viterbe sans entrer dans la Ville fust salué du Gouuerneur d'icelle & des Capitaines de cette garnison qui auoient mis en haye trois compagnies d'Infanterie pour sa reception lesquelles le saluerent par la descharge de leurs mousquets, & la pluspart de son train logerent audit Viterbe & le furent ioindre le lendemain à Bargnaia.

BAGNAIA.

LEdit Bagnaia est vn petit Bourg distant à deux mille de Viterbe assez bien situé dont les aduenues sont extremement agreables.

Il y a en iceluy vn petit Chasteau & vne Tour de grande apparance & s'y voit vn Iardin auec vne tres belle fontaine & vn peu plus haut sont huict fontaines entourées de Statues & vne cascade d'eau embelie à droit & à gauche de Caffines peintes qui recreent grandement la veuë & plus auant l'on voit paroistre des terrasses & grottes qui seruent d'ornement à cette maison comme aussi vn parc qui contient diuerses fontaines & belles pescheuries & vn lieu où se fait la glace, toutes ces commoditez & recreations qui s'y trouuent luy donnant le nom du lieu de delices.

Sur le chemin de Bagnaia tirant vers Viterbe l'on void *La Madona della Quercia*, Ou du Chesne qui est vne Eglise tres-gentille où il se fait souuent des Miracles, l'Image de la Vierge estant dans vn Chesne & si fait de belles foires & au suject desquelles il y a vne infinité de petittes loges construites en diuers façons & vn Conuent de Iacobins où le peuple va souuent en procession.

VITERBE.

Monsieur l'Ambassadeur passa sur les huict heures du lendemain à Viterbe accompagné du Gouuerneur & de plusieurs de la Ville tous à Cheual auec deux trompettes qui marchoient en teste & qui ne le quitterent point qu'il ne fust hors la ville.

Viterbe est vne grande Ville fort bien bastie & forte, situee entre deux montagnes, c'est là où finist le patrimoine Papal donné par la Contesse Maltide à l'Eglise Romaine, il y a Euesché & reuenu assez bo

Il s'y voit plusieurs Eglises toutes di-uersement construict dont le Dome est la plus belle où sont enterrés quatre Papes à sçauoir Ican XXI. Alexandre IIII. Adrian V. & Clement IIII.

Parmy ses beaux Edifices est le Palais du Pape & la maison de Ville.

Elle contient grande quantité de Reliques entre lesquelles est le corps tout entier & fraiz de Ste Roze depuis trête trois ans dans vn monastere de filles qui porte le nom de cette Ste à la quelle on a grandissime deuotion.

Il y a de belles fontaines pour la commodité du public & quantité de tours fort hautes qui marquêt son ancienneté & autour de ladite Ville sont grand nombre de maisons de plaisance.

A vn mille de là est le Boulicani qui est vn puis situé en vn champ iettant sans cesse de gros bouillons & vne continuelle fumée.

L'on ving coucher à Monterose laissant à costé du chemin Toscanel Bourg fort fameux pour son trafic & grandes foires qui y sont frequentes.

MONTEROSE.

Monterose est vn petit Bourg situé sur vn penchant d'vne Montagne où Mõsieur l'Ambassadeur estant arriué fust salué des plus apparents dudit lieu & regalé de quantité de gibier, fruicts, & vin qui luy furent presentés de la part de Monsieur Cardinal Antoine.

Ledit Bourg est distant à vingt deux mille de Rome estant à noter que depuis Viterbe iusques audit Rome il n'y a que tres beau chemin bien qu'il soit montagueux ayant esté accommodé par ordre du Pape en sorte qu'il est fortaisé estant appellé *Strada Noua* les passants ayants cy deuant esté contraints de passer par l'estat du Duc de Parme auparauant qu'on l'eust accommodé.

Monterose est dependant de l'Abbaye des trois fontaines qui est au Cardinal Antoine lequel enuoya vn carosse & six Gentils hommes à Mr l'Ambassadeur à cause que ledit Cardinal estant indisposé n'auoit peu venir au deuant dudit Ambassadeur.

Le sieur Board Secretaire de l'Ambassade vint trouuer Monsieur l'Ambassadeur pour l'informer de tout ce qu'il auoit negotié depuis son depart de Marseille & comme chacun dans Rome impatiament l'attendoit.

Monsieur l'Ambassadeur despecha de

Monterose pour Rome, Les sieurs de la Jarie Montigny & de Chauion.

CAPRANICA.

L'On trouue Capranica grand Bourg où il y a Chasteau & on laisse Soutry bonne ville situee sur vn haut

Le cinquiesme Nouembre Tous les François ayant estez asseurez par le sieur Gontier Secretaire de Monsieur l'Ambassadeur que son maistre s'auançoit ne voulant manquer à leur deuoir les vns en Carosse les autres à Cheual furent plus de six mil loin de Rome au deuant de luy & les sieurs Guessier & Valeran si firent remarquer des premiers.

En suite les Cardinaux Ambassadeur & autres Seigneurs affectionnés à la France enuoierent aussi au deuant de Mondit sieur Marquis de Fontenay & le Cardinal Bichy auec quelques Euesques & Prelats le furent receuoir à plus de huict mil de Rome où ils entrerẽt ensemble dans le Carosse du Cardinal Francisco Barberino & apres quelques Compliments faits & receuz de part & d'autre ils continuerent leur route.

Vers la Porte Del Populo il se trouua encores force Carosses de Seigneurs &

Dames qui apres auoir, selon leur mode & courtoisie salué Mondit sieur Ambassadeur ils voulurent grossir son Cortege qui n'estoit pas moins de cent Carosses & de plus de cent Caualiers fort bien montez & qui au deuant de son Carosse marchoient en tel ordre.

Demie heure apres que Mondit sieur l'Ambassadeur fut arriué en son Palais le mesme Cardinal Bichy le fit monter en Carosse dont les portieres estoient fermees & n'y ayant autres personnes auec eux que le sieur Board Secretaire de l'Ambassade & le sieur de Lusarche maistre de Chambre le menna au Vatican baiser les pieds du Pape auec lequel apres vn grand accueil il demeura plus de deux heures & alla en suitte visiter les Cardinaux Barberin Anthoine, & sainct Onophrio & retourna aussi tost auec le Cardinal Bichy en son palais où tous les François & plusieurs Italiens à l'enuy l'vn de l'autre firent la reuerence à Monsieur l'Ambassadeur.

Le soir du mesme iour sa sainteté enuoia regaler Mondit sieur l'Ambassadeur de pain, vin, biscuits & flambeaux & les Cardinaux Barberin Antonio & Bichy luy enuoierent aussi force Fruicts, Fromages,

Gibier & autres denrées.

Le lendemain il receut quelques Visites particulieres & fust tousiours *incognito* iusqu'à ce qu'il eust eu audiance publicque de sa Sainctete.

Quelque iours s'estans escoullez deux Gentils-hommes de l'Euesque de Lamego Ambassadeur de Portugal apres de sa Saincteté vinrent dõner aduis à Monsieur le Marquis de Fontenay de l'arriuee de leur maistre a *Ciuita vechia* & aussi tost Mondit sieur de Fontenay luy enuoya le sieur Board son premier Secretaire dans son Carosse & quelques autres Carosses de Campagne pour sa famille auec les ordres qu'il failloit obseruer pour son entree laquelle se deuoit faire *incognito* & à vne heure de nuict, l'equipage de cest Euesque seiournant vn peu à *Ciuita vechia* fust cause que plusieurs Portugais & Catalans les vns à cheual & les autres en Carosse y furent saluer cest Ambassadeur.

Le Cardinal Antoine commanda a 50. Archers de battre la campagne depuis *ciuita vechia* iusque icy de crainte que les Espagnols ne dressasset quelques embuches comme ils auoient fais courir le bruict pour empecher l'arriuee de cest Ambassadeur le 10. du courant Monsieur l'Ambassadeur de France despecha encore dés le matin les sieurs de Lusarche son maistre de chambre de Vologer son premier aumosnier & de la Iarie & Gedouin ses Gentils-hommes pour aller audeuant de cest Euesque qu'ils rencontrerent à moitie chemin de *ciuita vechia* d'où ils l'accompagnerent iusque icy, il estoit suiuy de grand nombre de personnes en Carosse & à Cheual outre 25. Soldats que le sieur Baneau Capitaine du vaisseau François sur lequel il estoit venu luy auoit donné pour escorte.

Il arriua a vn heure de nuict en ceste ville les flambeaux esteincts & son Carosse entouré des Gentils hommes Monsieur l'Ambassadeur de France il fut descendre au Palais dudit sieur Ambassadeur qui le receut à la porte accompagné des sieurs le Comte de Bury, & de Bullion & de plusieurs autres François & l'emena en vn bel apppartement proche du sien qu'il luy auoit fait preparer, Apres s'estre vn peu reposé le Monsieur l'Ambassadeur luy donne a souper auquel furent conuiez l'inquisiteur de Portugal le deputé de Catalogne & quelques autres, ce soir la les iours ensuiuants il fut visité de grand nombre de personnes & Monsieur l'Ambassadeur apres auoir eu au-diance du Pape *incognito* il menu sur le soir cest Euesque de Lamego chez Monsieur le Cardinal Antoine duquel il eut tres fauorable audiance ce qui piqua fort les partisans d'Espagne.

Le Cardinal Bichy prenant l'occasion du vaisseau François qui auoit mené cest Euesque *ciuita vechia* y fist embarquer toute sa famille & son equipage & pris congé du Pape des Cardinaux Neueux & de tout le sacré College pour aller resider en son Eueſché de Carpentras pres Auignon & Monsieur nostre Ambassadeur auec quelques autres personnes de condition le furent accompagner iusques hors les portes.

Le 18. Decembre fut des sept heures du matin Monsieur l'Ambassadeur ayant entendu la Messe dans son Palais fust en suite salué de la plus part des Seigneurs Italiens, Euesques, Prelats, & Gentilshommes qui estoient venus de la part de plusieurs Cardinaux, & autres personnes d'eminente condition affectionnés à la France.

Il mota en vn Carosse de Velours noir, rehaussés d'vne brodorie de soye, qui auoit son imperiale, garnie des [illegible] de

France & dudit sieur Ambassadeur, tiré par de fort beaux Cheuaux superbement enarnachez & entouré de douze Pages magnifiquement vestus, ensuitte douze Estafiers, & huict Laquais tous couuerts d'vne mesme liuree, verte chamarree d'argent, qui marchoit en grand ordre. Cependant les trompettes faisant mille fanfares donneront le loisir aux plus apparants & considerables tant des François que des Italiens d'aller occuper six autres Carosse, qui portoiēt tous les armes dudit sieur Ambassadeur, & dont l'vn presenté à Mondit sieur l'Ambassadeur par Monsieur le Cardinal Antoine surpassoit par l'esclat de l'or & de l'argent dont il estoit tout brodé, la beauté de tous les autres.

Ce seroit parler en vain si ie vous disois que tous les François s'y trouuerent, en bel ordre, il ne faut que se remettre deuāt les yeux la passion qui nous est si naturelle, pour nostre propre gloire, & l'honneur de cet empire, pour croire que tous si rencontrereut parfaitement bien ajustez & que ce Cortege se montoit, a plus de cent cinquante Carosses, & ce qui donnoit plus d'admiration aux Italiens; c'estoit le grand ordre. qui si remarquoit auec vne vnion tres parfaicte des Portugais & des Catelans auec les François.

Monsieur l'Ambassadeur arriuant au Vatican les Tambours & Trompettes l'enuy l'vn de l'autre concouroient à sa reception & ayant mis pied à terre il fut salué à la porte de quelques officiers de sa Saincteté, & entrant dans son Antichambre les sieur de Narni, & Machiauelly Capitaines des Gardes de sa Saincteté, le cóplimẽterent & ensuite le grãd Maistre de Chambre fist entrer Monsieur l'Ambassadeur en la Chambre d'audiance de sa Sainctcté, où il demeura quelque bonne heure, à la sortie de laquelle il fust aussi saluer les Cardinaux nepueus, qui luy firẽt mille hõneurs, & mille ciuilités toutes ces choses estant à acheuees il monta en Carosse, & vint en son Palais, de plusieurs boëtes le saluerent en arriuant, accompagnez des Tambours & trompettes de sa Sainctcté.

Monsieur l'Ambassadeur arresta à disner, toutes les personnes de Condition tant Italiens, Portuguais François que Catalans, lesquels furent fort satisfaicts de la magnificence d'vn si superbe traittement l'apresdisnee il commença les visites du sacré Collège, par le Cardinal lenty Doyen des Cardinaux.

Ie ne feray point icy aucune d'escription de l'entree solemnelle qui fust faicte, à Rome à Monsieur le Marquis de Fontenay, outre peut estre que l'apprenant d'vne plume Estrangere cela sera d'autãt plus glorieux pour nostre Empire, qu'il sera exempt de flatterie, & de Vanité c'est pourquoy I'ay Iugé à propos de mettre ses vers *Latins* à la fin de mõ liure, lesquels pourõt dõner quelque satisfactiõ à ceux qui seront curieux de toutes les Ceremonies & honneurs rendus à l'entree de Monsieur l'Ambassadeur le tout y ayant esté tres exactement obserué, & cependant ie vous diray en peu de paroles tout ce qu'vn assés long seiour dans Rome m'a peu donner de cognoissance de ceste maistresse ville de l'Vniuers.

ROME.

I'Aurois icy vn ample suiet pour faire vne description magnifique car dans la premiere idee que mon esprit a cõceue de ceste Rome la superbe & la triomphante, c'est cette de l'Vniuers qui a porté ces victoires & la gloire de ses conquerants iusques aux extremitez de la terre elles qui a donné des loix à tous les peuples & rendu toutes les nations tributaires à sa grandeur plus glorieuse encore mille fois auiourd'huy dans le bonheur qu'elle possede de loger les successeurs de sainct Pierre, d'estre le Throsne de ceste puissãce souueraine qui estand son Empire plus loin que n'ont peu faire ny les Alexandres ny les Cesars.

Dans la veuë generalle de toutes les merueilles & les beautés qu'elle presente à mes yeux auec vne aggreable confusion ie ne ressens de la difficulté que pour le choix, que i'en dois faire n'ignorants pas qu'apres auoir beaucoup escrit il ne m'en reste encore d'auantage à escrire, que tout ce que i'auray peu faire auec beaucoup de diligence i'aduouray franchemẽt que mon intẽtion n'est pas de paroistre si scrupuleux, que de ne vouloir rien passer sans vne remarque particuliere mon dessein n'est que de monstrer au doigt legerement les choses, & faire vne petite reflectiõ sur les plus considerables.

Abordant à Rome du costé de Venise, Gesnes, Milan, Florence, d'Allemagne d'Esclauonie, d'Austriche d'Armenie, de France, d'Espagne & de tout l'Occident, on passe à deux mille de ceste ville le Tibre ſur vn pont appellé il Molle & on va tout droit par vn beau, large & ſpatieux chemin, bien paué & à la commodité des gens de pied & de Cheual, nommé la Strada Flaminia, dit à preſent Del populo, ceſte porte de ceſte ruë fuſt acheuee par les ſoins de la Magnificence du conſul Flaminius, qui continua le paué de ceſte longue ruë iuſques Riminy Cité eſloignee de Rome de 60. lieues, tout de ſon long elle eſt bordee de quantité de belles maiſons, & de Palais tres ſuperbes & au bout de ceſte Cariere, en entrant dans la ville on appercoit vn grand vuide, puis à main gauche l'Egliſe del Sancta Mar. del populo. & au milieu de la place ſur vn grand pied d'eſtail de Marbre, l'on admire vne haute pyramide à quatre faces toute d'vne pierre couuerte de letres hieroglifiques, dans ſa pointe il y a vne Croix ſur trois formes Rondes & au pied de ladite pyramide il y a vn grand Baſſin d'où ſort vne viue fontaine ceſte pyramide eſt ſi induſtrieuſement poſee que de quelque coſté que l'on puiſſe l'aborder elle parois touſiou s directement à l'entree des trois rues, le cours le plus ordinaire des Romains eſt en ceſte Place appellee Strada del populo & c'eſt vn plaiſir qui rappelle dans la memoire les anciens exercices de la noblesse des premiers Romains que de voir dãs la place aussi ceste Pyramide, le maniment des Cheuaux, leurs Courses, bons & les sauts qu'ils font le tout animé particulierement de l'adresse des Caualiers.

La principalle & la plus Ancienne Eglise de Rome & Euesché du Sainct Pere, est sainct Iean de Latran audeuant de ceste Eglise, il y a vne Pyramide, ou esquille Egyptiene fort antique, & d'vne iuste grandeur: Couuerte de lettres Hieroglifiques, ceste Eglise est vne des sept, ou il ya grandes indulgences à la visiter Nostre Roy tres Chrestien y presẽte deux Chanoines à sa saincteté en consideratiõ des signalés bien faicts qu'ils ont receus de sa Majesté tous les ans à certain iour, il se faict vn seruice fort solemnel à la memoire glorieuse d'Henry le Grand l'Ambassadeur le Cardinal protecteur de Frãce & quãtité d'autres Seigneurs qui y sõt affectionnés auec tous les Frãçois ne manquerent iamais à s'y rẽcontrer en bel ordre, & d'assister au seruice, on voit la Statue de bronze tres artistement faicte, posee dans vne forme de Chapelle à l'entree de l'Eglise à main gauche. C'est nostre

Roy qui est le protecteur de ceste Eglise, & ses armes le tesmoignent hautement, estant au dessus de la grande Porte, auec celle de l'Ambassadeur & du Cardinal protecteur, ceste Eglise est située pres des Murailles ioignante le nouueau Palais qui a faict faire le Pape sixte Cinquiesme, elle est construite en croix ou pour mieux dire en leur dessis, audeuant de la principale porte; il y a vn Conuent sur de belles colomnes de marbre, au bout de la grande Nef est vn beau & vaste Tabernacle & le lieu, où se conseruent les restes des saincts Pores & de sainct Paul, audeuant allant vers la porte est le Sepulchre assez superbe de la maison des Colõnes qui est de bronze & parfaictement bien trauaillé.

L'Eglise est ornee de plusieurs beaux Autels enrichis de mille belles figures, dont l'excellence est agreablement bien releuee par le meslange de l'or & de l'argent.

Dans ceste Eglise on voit l'image Miraculeuse de Nostre Seigneur, le sepulchre de saincte Helene, & dans la Sacristie plusieurs belles reliques entr'autres vne Croix donnee par Constantin, dans vne autre Chapelle proche ceste Eglise il y a plusieurs sainctes Curiositez dignes d'estre veües tout proche de ladite Eglise se voit *La scala Sancta*, composee de vingt huict degres de Marbre blanc, lesquels nostre Seigneur monta lors que la rage des Juifs le trainoit en la maison de Pilate, ce lieu est presque à tous moments inaccessible à cause du grand nombre des Pelerins, & des indulgences particulieres que gaignent ceux qui montent deuotieusement à genoux tous ces degres. Au haut dudit *Scala sancta*, est le *sancta Sanctorum* auec quantité de reliques & de belles deuotions.

De ce lieu on peut aller à S. Croix de Jerusalem qui est vne des sept Eglises où il y a de la vraye Croix, & plusieurs autres belles reliques. Proche de là est vn Amphiteatre, & le temple de Venus. Depuis deux ans en sa on a descouuert sous terre pres ladite Eglise, de saincte Croix, vne Chapelle qui est sous terre, & il y a vn Crucifix, où il se faict quantité de Miracles.

L'Eglise S. Pierre est le plus beau vaisseau & pour la grandeur, son Modelle, & ses enrichissements qui se puisse iamais voir, & comme plusieurs pleumes plus sçauantes que la mienne se sont estanduees dans vne longue description de toutes les merueilles, & toutes les raretez qu'elle contient, je m'imposeray tresvolontiers silence, & me contenteray seulement de dire, que ceste Eglise est toute voisine du Vatican qui est le Palais d'hyuer au S. Pere. Vous voiés deuant le grand Portail ou facade de S. Pierre, lequel Portail est haut large, & d'vne façon non commune, vne belle, & spacieuse place; dans laquelle est plantée, ceste celebre esquille du Pape Sixte V. laquelle est toute vnie, supportee par quatre lions de bronze surdorés qui se soustiennent sur vn grand pied de Marbre carré, au bout de ladite Pyramide, ainsi que l'a escrit quelque Historien Italien & comme je l'ay encore plus particulierement appris de quelque curieux, on trouua dans vne petite phiole de bronze les cendres du corps de Iules Cesar auec vne Inscription à costé droit de ladite Pyramide se voit vne belle fontaine toute de Marbre reuestuë, en quelques endroits de quelques figures de bronze qui iettent de l'eau en grande abondance dans le haut de ceste fontaine, il y a vne estoille laquelle iette vne tres grande quantité d'eau par les pointes qui sont en grand Nombre, & l'on l'appelle ceste fontaine Paulina les portes de ce superbe temple sont de bronze & parfaictement bien taillees auec plusieurs figures à l'antique pour gaigner les indulgences dans ceste Eglise il y a sept Autels tres curieusement ornés. Le grand Autel est couuert en forme de Dome le tout de bronze doré auec quatre gros piliers de mesme matiere, artistement trauaillés.

Ie serois trop long à rapporter toutes les pieces de Marbre & d'argent qui releuent de beaucoup, il suffit de dire que c'est vn effect des liberalités d'Vrbain VIII. qui la rendu si splendide si pompeux, les Corps des Saincts Apostres S. Pierre & S. Paul sont en vne petite Eglise, qui est dessous, dans laquelle il y à plusieurs Corps Saincts, quantité de Sepulchres auec plusieurs belles antiquités, qui ne dōnent pas vne satisfaction mediocre aux esprits esgallement pieux & curieux, la Sacristie seule peut fournir assez de reliques pour contenter la deuotion de ceux qui souhaittent de les voir & de les baiser, en caresme le cours ce faict en ceste grande place & le long de la grand rüe, l'on trauaille sans cesse pour ceste Eglise, son Dome est vn des plus beaux, qui se

qui se puisse voir, tant pour sa hauteur
que pour les Peintures qui sont au tour à
la Mosayque; On ne peut pareillement
que l'on n'admire la Chappelle de Gregoire XIII. esleu en l'an 1572. & le Sepulchre du Pape Paul III. de la Maison
de Farneze.

Le Palais du S. Pere est tout proche ladite Eglise, & est si spaticus que l'on y
remarque assez de logement pour trois
Roys. Il est fort bien basty, & orné de
Peintures tres rares; c'est dans ce Palais que le S. Pere a coustume de passer
son hyuer, il est appellé Vatican, à cause
du Mont Vaticano: dans ce lieu est Bel-
uedel ainsi nommé, parce que delà Rome se voit à plain. Ce Palais est quasi
tout construit de brique, auec quelques
Marbres & Colonnes aux Galeries, au
bout est le Iardin Papal surnommé Se-
cret, où il y a des Statues admirables
toutes de Marbre blanc; Celle de Cleo-
patra Reyne d'Alexandrie qui est cou-
chée, laquelle on voit en entrant; Celle
de Laocon auec deux enfans, & deux ser-
pens: La Figure du Nil, & du Tibre,
Romulo & Remo qui tetent vne Louue,
& plusieurs autres tres-belles & tres rares Figures, il y a cinq Iardins, les vns en

terrace, les autres bas, pleins d'Orange[rs] & de belles Fontaines, entre autres v[ne] en laquelle se voit vn Nauire artificiel.

La Biblioteque du Vatican est digne d'estre veuë. Dans diuerses Sales bien Peintes, il y a plusieurs Liures, & de fort beaux Manuscrits pour ceux qui y veulent aller estudier, le tout se fait auec vn grand ordre, soit pour l'entrée, soit pour la sortie.

La grande Salle d'Armes est en fort bon ordre, & quant on me la monstra, il y auoit bien dequoy Armer douze-mil hommes de pied, & huict mil de Cheual, & au mesme-temps l'on me fist voir des Armes curieuses pour estre tres Antiques.

L'Eglise de S. Paul qui est hors la Ville, vn mil ou dauantage sur le chemin d'Ostiensis, est bastie de brique, à la face il y a quelques pieces de Mosayque, ladite Eglise est en forme de Croix, la grande Nef a quatre rangées de Colonnes, en chacune desquelles il n'y en a guieres moins de vingt, derriere le Maistre Autel en vn antre assez profond, on voit le Crucifix qui parla à Saincte Brigide, ce sont des Religieux Benedictins qui occupent ceste Eglise, vous voyez la place en laquelle S. Pierre & S. Paul se dizent le dernier Adieu. Cette Eglise est la troisiesme de Rome, & fondée par l'Empereur Constantin, en sortant par la porte Ostiense, pour aller à S. Paul, l'on voit le Tombeau de Caius Cestius, vn des sept hommes qui se exerçoit aux Sacrifices des premiers Romains, lequel Tombeau est autant dans la Ville que dehors. C'est vne piece tres-rare pour son Antiquité, formée à quatre carres & en pointe de Piramide, le tout de Marbre.

A vn grand mil de ladite Eglise est l'Abbaye des trois Fontaines, qui est d'vn grand reuenu, & que possede l'vn des Nepueux du Pape nommé le Cardinal Antonio Barberino, l'Eglise est dans vne assez iolie situation, proche de ce lieu est vne Chappelle où sont trois Fontaines, qui sourdirent miraculeusement du lieu où S. Paul eust le col couppé, & la teste ayant faict trois sauts en sortirent trois viues Fontaines. Cette Eglise n'est pas des sept mais des neuf, comme est celle de l'Annunciade qui est vne Chappelle: En suite poursuiuant dauantage l'on rencontre vn vaste lieu, & vne Tour fort Ancienne; c'est le Sepulchre de Mecella, & s'appelle à present Campo di

Boue, le lieu eſt ceint de murailles anciennes au dehors, il y a plusieurs Temples & plusieurs ſepulchres.

L'Egliſe Saincte Marie Majeur, n'eſt pas des moindres, elle eſt en veuë de S. Iean de Latran, deuant la porte eſt vne belle Eſguille ou Piramide, de l'autre coſté eſt vne Colonne tirée du Temple de la Paix. Cette Egliſe eſt rauiſſante pour les rares pieces de Moſayques qu'elle contient : ce qui eſt de plus rauiſſant c'eſt la Chappelle du Pape Sixte V. en Dome, toute baſtie de Marbre blanc, taillé en perſonnages, & diuerſes Hiſtoires, ſous le Tabernacle de ladite Egliſe eſt le Corps de S. Mathieu, & à coſté gauche en la Chappelle du Pape Paul V. laquelle eſt tres ſuperbement baſtie, il y a vne N. Dame dépeinte par S. Luc, dans la Sacriſtie il y a pluſieurs Reliques tres-deuotes. La Chappelle Saincte Potentiane, eſt vn peu plus bas (toutesfois aſſez renommée) elle eſt petite, mais enrichie de Marbre, & d'vne infinité d'autres pierres riches de diuerſe couleur, elle fut acheuée par les ſoins & la liberalité du Cardinal Cajetan, iadis Camerlingue de Rome. Dans cette Chappelle il s'y voit vn Miracle du S. Sacrement. L'Egliſe de

Saincte Marie Majeur est vne des sept : dans icelle est le Tombeau du Cardinal de Toureuille François Archeuesque de Rohan Protecteur de la Frãce, & Fondateur du grand Conuent des Augustins. Dans les quatre Eglises dont ie vous viens de parler, il s'y voit quantité de sainctes Reliques & infinitez de Corps-Saincts, & de mesme dans plusieurs autres Eglises de Rome, desquelles ie ne feray point le rapport, crainte d'estre tropt lõg. Ie ne m'arreste que sur les Antiquitez les plus remarquables, & celles qui peuuẽt dõner vne plus agreable satisfaction aux esprits curieux; chacun sçait combien sont grands les frais qu'il est necessaire que fassent ceux qui sont piquez d'vn desir de tout voir: car en ce lieu les esprits sont extraordinairement mercenaires, & impossible de rien obtenir de leur courtoisie, qu'auec la Croix d'or ou d'argent.

Le Palais de Monte Cauallo qui est la demeure du Pape en Esté, est fort vaste & le Iardin parfaictement beau : il faut aduoüe que le Iardin n'est pas moins admirabrle qu'agreable, remply de plusieurs Statuës & Anciennes, & Modernes, orné de plus de deux cents sources d'eau viue qui font naistre autant de belles Fontaines. Au deuãt de la grãde porte de ce Magnifique Palais, qui est basty sur le Mont dit Guerinade, est cette piece excellente & rauissante de Phydias & Praxiteles. Cette Montagne est couronnée de plusieurs beaux Palais, celuy du Cardinal Mazarin est le plus parfaict & accomply, & tres-digne d'estre consideré.

Comme dans Rome les vignes ne sont pas à negliger, la plus part estant tres-belles & tres-curieuses, en passant i'en diray vn mot de quelques vnes. La Vigne Farneze est construite sur le Mont Palatin. *In Campo Vachino*, il y a vn beau Jardin & de belles Grottes, elle est maintenant possedée par le Duc de Parme.

La Vigne du Cardinal Mathei ou Mathée, prés la Nauicella est fort belle, tant pour le grand nombre des appartemẽts, que pour la diuersité des Peintures.

le Palais du Cardinal de Medicis qui est proche la Trinité du Mont, Conuent des Peres Minimes tous François, elle est ornée de plusieurs Peintures, & belles curiositez qui sont toutes dignes d'admiration, il y a de tres-beaux departements.

La Vigne Bourgheze est vne des plus belles & des plus grandes, le logement fort beau, autour duquel est vne Facade admirable de Statuës & ouurages Antiques, il y a dans son enclos quatre sortes de petits jardinets, vn grand Parc, & plusieurs petits logis fort recreatifs, tant pour les Peintures que pour les Fontaines.

La Vigne du Cardinal Ludouisio est tres-belle & fort ample, il y a vn beau Parc, deux jardins particuliers, d'agreables Statuës & Antiques, le Palais est superbement basty, remply de plusieurs choses, & belles, & rares.

C'est assez parlé des Vignes de Rome que d'auoir touché legerement ce qu'elles peuuent contenir de plus beau & de plus agreable ; Les Antiquitez sont trop belles pour estre oubliées dans vne si exacte recherche, comme est celle que j'ay faicte de tout ce qui peut contenter la passion des plus curieux.

Le Pantheon qui se presente le premier à mon esprit, occupera icy la premiere place dans mes remarques, ce Temple est encore en son entier, autresfois il auoit esté dedié à tous les Dieux, & est maintenant consacré à la Saincte Vierge la Reyne detousles Ss. ce Temple est cõstruit en forme ronde, & pour ce sujet dit *Rotunda*, tout le iour qui est receu dans iceluy, c'est à la faueur d'vne grande & large ouuerture, qui est au haut de la couppe: il est composé tout de Marbre, & de Porphire, Agrippa le fist édifier, cõme le tesmoigne encore auiourd'huy l'inscription qu'il y fist mettre.

Le *Campodolio*, *ou Capitolio*, dit Capitole que Tarquin le superbe fist bastir, n'a plus ce grand esclat qu'il auoit autresfois ce n'est pas qu'encore à present il ne s'y voye des plus belles Peintures & Statuës de Rome, comme le logis du Senat, dans lequel il y a vne Sale où se voyent deux Papes, & vn Senateur Frãçois en Marbre, il y en a encore plusieurs autres rares curiositez, qui meriteroient vne remarque toute particuliere, mais ie me contenteray de dire qu'il s'y voit vn Marc-Aurele à cheual tout de Bronze: ce fut le peuple Romain qui luy fist eriger, pour auoir triomphé des Daces estant vne piece parfaictement acheuée: & ensemble les Statuës des trophées de Marius, qui triompha des Cimbres en Prouëce, selon quelque grand Historien.

Campo Vachino, ainsi nommé à cause du

marché qui s'y tient des Vaches, Ports & Cheuaux. Cette place est rare & digne d'estre visitée pour ses Antiquitez, il y a encores d'assez beaux restes du Temple de la Paix, l'Arc ou le Portal de Seuere, est tres-digne d'estre consideré, qui regna 193. ans. Et pareillement l'Arc de Tite Vespasiam, ce fut vn trophée que le peuple Romain dressa à l'Eternité de sa memoire, à son retour de Ierusalem. Il n'y a rien à negliger, dans la recherche que l'on doit faire du Temple de Marc-Aurelle, & de Faustine sa femme: fille d'Antonino Pio, tout y estant digne d'vne remarque particuliere.

Cette belle Tour de l'illustre Maison de Conty, qui est proche le Mont Palatin, que fist bastir Innocent III. pour éterniser la memoire de la grandeur de sa famille, est digne d'estre veuë : de cette Maison sont sortis neuf Papes.

Le prodigieux Amphitheatre du Colizée tout proche des lieux cy-dessus descrits, ne doit pas estre negligé, il est tout de Marbre blanc, tout entier presque d'vn costé; Ce fut les magnificences de Vespasian Empereur qui contribua entierement à la grandeur de cét ouurage.

Tout joignant est l'Arc de l'Empereur

Constantin de Marbre, qui est vne piece tout à faict rare, tous les iours il se tire mille belles coppies, sur les personnages qui y sont representez, au tour dans le voisinage : l'on peut encore recognoistre quelques Anciens vestiges de la Maison de Neron, le Temple de Seraphis ou du Soleil.

Dans S. Sebastien vne des sept Eglises de Rome, rien de plus agreable à voir, & qui remplisse les esprits d'vne plus douce pieté, comme les Caues Sainctes qui sont dans cette Eglise, proche de là sont les Catacombes, que l'on appelle *Roma sotterranea*.

Le Temple meritoire des Romains, ou estoit les vieux & infirmes Soldats, qui auoiét prodigué genereusement leur vie pour le Salut de la Republique. Dans ce lieu est basty N. Dame de Transteueré.

Hors de Rome on voit le Sepulchre de Bacchus, qui est tout de Porphire, sa forme est carrée :il a force petits enfançons entailles, & des feuilles de Vigne auec des raisins, quelqu'vn a voulu dire que c'estoit le Tombeau de la fille de Constantin; mais ces raisins & autres galanteries baccanales, qui s'y voient me font iuger le contraire.

Les Thermes de Domitiã sont beaux & admirables, il y a trois Grottes sous terre, & sans vouloir entreprendre la description de tous les Thermes & Cirques de Rome, ie me contenteray qu'il y en a dans Rome plus de 125. dignes d'estre considerez.

Plus auant vers *Monte Cauallo*, vous verrez le lieu d'où Neron prenoit plaisir à considerer l'embrasement de Rome, la Maison de Ciceron n'en est pas esloignée.

En suitte de toutes ces Antiquitez est le Chasteau de S. Ange, qui estoit anciennement le Tombeau d'Adrian Empereur, c'est vne grosse masse de bastiment bien forte, Vrbain VIII. à present Pape, l'a rendu bien regulier, y ayant faict faire de bons dehors, & des bastions: ce Chasteau est en forme ronde, ce sont les soins de plusieurs Papes, qui l'ót mis dãs l'estat auquel on le voit à present, il y a toutes sortes de Munitions de Guerre, auec vne bonne garnison; Quant mesme sa Saincteté veut s'asseurer de quelqu'vn, on le loge en ce lieu qui est tout reuestu de brique, & bon fossé à l'entour, excepté du costé de Rome, & du Pont S. Ange, anciennement nommé le Pont Ælius; au bout du Pont il y a vne grosse Tour, & tout au haut vn S. Michel Archange, & c'est pour ce sujet qu'il s'appelle ainsi: le Tibre arrouse le pied de cette Tour, qui y sert de fossé, & aux autres pointes de cette face, il y a de bons Bastions que sa Sainctetė a encore rendus plus forts & plus reguliers, & a bien faict accommoder les murailles, qui sont tousiours garnies de bons Canons. Cette place est encore particulierement pretieuse, à cause qu'elle est le depositaire de tous les Tresors de l'Eglise Romaine. Du Vatican sa Sainctetė peut aller en ce Chasteau, bien qu'il en soit distant de plus de mille pas, par vne grande Gallerie ou Coridor, qui conduit de l'vn à l'autre, & les murailles qui sont au tour de cette Gallerie sont fortes & d'vne bonne deffence.

Il faict beau aux Festes sollemnelles, comme du S. Sacrement, & de S. Pierre, de voir le rang des Cardinaux. quand sa Sainctetė se faict voir au peuple, & qu'il tient Chappelle; considerer ce Chasteau comme il est paré, & comme il faict resonner par tout Rome, les eschos des bruits de ces Canonades, des fanfares de ces Trompettes, & sons des Tambours.

Il y a dans Rome plus de huict mille Iuifs, & sont obligez sur peine d'vne certaine amende, tous les Samedys d'entendre vn Sermon, que faict ordinairement vn Iacobin contre leur secte, & pour les instruire à la Foy Chrestienne; Ils sont separez d'auec le peuple en vn lieu clos; à vne certaine heure ils se retirent, à vne certaine heure ils sortent le matin, & sans que sa Saincteté conserue fort ces Hebreux, qui sont l'opprobre du genre Humain, ils receuroient à tous momens mille niches & mille iniures.

Rome est de tout le monde vn public
eschaffaut,
Vne Scene, vn Theatre auquel rien
ne deffaut.

Quiconque a de la passion pour l'Antique, Iardins, Bastiments, & Peintures, Fontaines, & voir vn agreable païs, faut abandonner Rome pour deux iours, & aller à Frescati, qui en est à quinze mille. Comme pareillement Tiuoli, qui en est esloigné de douze mille, tout le long du chemin, tant que la veuë se pe it estendre, l'on y voit force Tours qui estoiét les Metairies des Romains, plusieurs Acqueducts, inscriptiõs & autres Antiquitez, quand vous estes arriué en vn de ces lieux qui sont Eueschés, l'õ voit force superbes Bastiments remplis de plusieurs curiositez tres agreables.

LA FACON DE procéder à l'Election des Papes.

APres que i'ay faict vn petit discours de ce qui se trouue de plus beau, & de plus admirable dans Rome, apres vne description la plus briefue qu'il m'a esté possible, tant des magnifiques Eglises, que des superbes Palais qui seruent d'vn grand ornement à cette belle ville; i'ay creu que de toucher icy legerement quelque chose, de la façon auec laquelle on a coustume de proceder à l'Election des Papes, cela ne sera n'y ennuieux pour n'estre pas de longue estenduë, ny desagreable aux esprits curieux qui desirent tout sçauoir, & particulierement vne chose de la qualité de celle dont ie vais faire en peu de paroles le recit.

Lors que Rome est occupée neuf iours entiers, à rendre les honneurs funebres qui sont deubs à la memoire du Pape nouuellement decedé, lors que dans ce changement l'esperance enfle les cœurs des vns, & le desespoir abat ceux des autres. Tous les Cardinaux en tient dans le Conclaue, pour proceder au mesme-temps a l'Election d'vn nouueau Pape, pour donner au Nauire de S. Pierre son Pilote, à l'Eglise militante son chef visible, & à tous les fideles le Pere commun de la Chrestienté. Cette Election se faict en deux manieres, sçauoir l'vne par Scrutin, & l'autre par Adoration.

Le Scrutin ce pratique en cette sorte chacun des Cardinaux qui sont assemblez dans le Conclaue, escrit dans vn certain billet de papier son aduis & son suffrage particulier, & à la fin de la Messe qui se celebre en leur presance, il le va mettre dans le grād Calice d'or qui est sur l'Autel, puis tous les billets sont renuersés sur vne petite table qui est mise pour ce subiect deuant l'Autel, des Cardinaux qui sont present à la ceremonie, il y en a trois qui publiquement, & en presence de tous les autres deploient ces billets, prononçant à haute voix le nom de celuy qui se trouue nommé en chacun d'iceux, & les autres Cardinaux tienent vne fueille de papier, dans laquelle ils escriuent & marquent, le nombre des voix que chacun peut auoir, pour recognoistre en suitte celuy qui en aura eu le plus grand nombre. Et ce qui est icy à remarquer, c'est qu'il faut que celuy qui doit estre Pape ayt les deux tiers des voix de tous les Cardinaux qui sont dans le Conclaue, que si par cette façon d'Elire qu'ils appellent Scrutin, il ne se rencontre personne qui aye les deux tiers des voix, au mesme moment sans differer dauantage on iette dans le feu tous les billets, afin que cét element qui deuore tout, les consomme, & par mesme moyen toutes les haines & partialitez qui en pourroient naistre, si l'on agissoit autrement, en suite dequoy la partie est remise à vne autre fois, ou l'on faict & recommence vn autre Scrutin, en la mesme forme que ie viens de dire.

L'autre maniere qui s'appelle l'Adoration, c'est quand les Cardinaux estant tous assemblez dans la Chappelle se tournent vers celuy qu'ils desirent estre esleu Pape, & luy font vne profonde reuerence, pliant le genoux fort bas, & quād il se trouue que les deux tiers des Cardinaux presens ont esté en cette sorte à l'Adoration, le Cardinal qui se trouue ainsi adoré est faict Pape.

Qui voudra considerer attentiuement l'importance d'vne telle eslection, & comme d'icelle pieusement & sainctemēt faicte, dépend le plus souuent le repos de ute la oChrestienté, il ne s'etonnera pas si dans ces rencontres l'on vse de tant de precaution & d'adresse, pour éuiter les surprises de quelques esprits, vains & glorieux, dont l'ambition seroit beaucoup à craindre, si elle se trouuoit vne fois soustenuë de cette puissante authorité, qui domine plus loing que toute la terre, ayant pour marque de sa puissance absoluë, le pouuoir immediatement de Dieu, de nous ouurir, ou de nous fermer la porte du Ciel, puissance inesbranlable, contre laquelle la rage des enfers, la cruauté des tyrans, l'impieté des Athées, & la damnable doctrine des heretiques ont tousiours eu de vains efforts, puis qu'elle a pour garêd de sa constance & de sa fermeté la parole de Iesus-Christ, qui promist à S. Pierre que sa Foy ne souffriroit iamais d'Eclipse, qu'elle ne luy manqueroit point, & que la durée ne seroit pas moindre que la fin de tous les siecles.

TABLE DES LIEVX ET PASSAGES.

A

B

C

H

L

M

FIN.

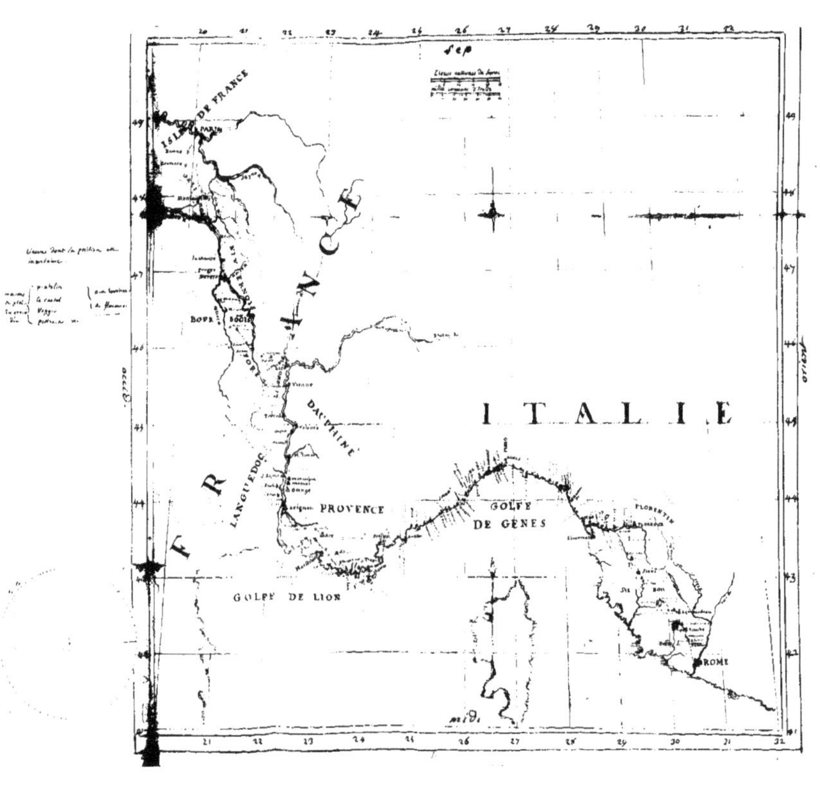

FRANCE
ITALIE
ISLE DE FRANCE
PARIS
LANGUEDOC
DAUPHINÉ
PROVENCE
GOLFE DE LION
GOLFE DE GENES
FLORENTIN
ROME
Vienne

www.ingramcontent.com/pod-product-compliance
Ingram Content Group UK Ltd.
Pitfield, Milton Keynes, MK11 3LW, UK
UKHW021042200726
13857UKWH00003B/764